# 참 쉬운 급수한자 7급Ⅱ 25일 50자

## 부록 쪽에 붙임으로 활용해요

| 한자 | 훈음 | 예시 | 쪽수 |
|---|---|---|---|
| 家 | 집 가 | 가훈, 가구 | 80쪽 |
| 間 | 사이 간 | 간혹, 단문간 | 34쪽 |
| 江 | 강 강 | 강산, 강촌 | 40쪽 |
| 車 | 수레 거/수레 차 | 자전거, 주차장 | 64쪽 |
| 空 | 빌 공 | 공간, 허공 | 86쪽 |
| 工 | 장인 공 | 인공, 공사 | 84쪽 |
| 記 | 기록할 기 | 기자, 기억 | 100쪽 |
| 氣 | 기운 기 | 인기, 향기 | 62쪽 |
| 男 | 사내 남 | 장남, 남매 | 20쪽 |
| 內 | 안 내 | 내복, 실내화 | 82쪽 |
| 農 | 농사 농 | 농부, 농산물 | 66쪽 |
| 答 | 대답 답 | 답장, 보답 | 94쪽 |
| 道 | 길 도 | 횡단보도, 도덕 | 74쪽 |
| 動 | 움직일 동 | 동작, 감동 | 50쪽 |
| 力 | 힘 력(역) | 능력, 역도 | 58쪽 |
| 立 | 설 립(입) | 자립심, 성립 | 78쪽 |
| 每 | 매양 매 | 매일, 매번 | 92쪽 |
| 名 | 이름 명 | 명성, 유명 | 54쪽 |
| 物 | 물건 물 | 물체, 보물 | 96쪽 |
| 方 | 모 방 | 방법, 행방 | 108쪽 |
| 不 | 아닐 불(부) | 불만, 불시 | 36쪽 |
| 事 | 일 사 | 사물, 사사건건 | 46쪽 |
| 上 | 윗 상 | 세상, 선상 | 16쪽 |
| 姓 | 성 성 | 성명, 만백성 | 52쪽 |
| 世 | 인간 세 | 세대, 후세 | 110쪽 |

## ⟨참 쉬운 급수 한자 8급⟩

⟨참 쉬운 급수 한자 8급⟩에서 학습하세요.

|  |  |  |
|---|---|---|
| 敎 | 가르칠 교 | 76쪽 |
| 校 | 학교 교 | 70쪽 |
| 九 | 아홉 구 | 40쪽 |
| 國 | 나라 국 | 98쪽 |
| 軍 | 군사 군 | 92쪽 |
| 金 | 쇠 금/성씨 김 | 56쪽 |
| 南 | 남녘 남 | 64쪽 |
| 女 | 여자 녀(여) | 20쪽 |
| 年 | 해 년(연) | 104쪽 |
| 大 | 큰 대 | 82쪽 |
| 東 | 동녘 동 | 60쪽 |
| 六 | 여섯 륙(육) | 34쪽 |
| 萬 | 일만 만 | 44쪽 |
| 母 | 어머니 모 | 14쪽 |
| 木 | 나무 목 | 54쪽 |
| 門 | 문 문 | 80쪽 |
| 民 | 백성 민 | 96쪽 |
| 白 | 흰 백 | 90쪽 |
| 父 | 아버지 부 | 12쪽 |
| 北 | 북녘 북/달아날 배 | 66쪽 |
| 四 | 넉 사 | 30쪽 |
| 山 | 메/산 산 | 106쪽 |
| 三 | 석 삼 | 28쪽 |
| 生 | 날 생 | 74쪽 |
| 西 | 서녘 서 | 62쪽 |
| 先 | 먼저 선 | 72쪽 |
| 小 | 작을 소 | 52쪽 |
| 水 | 물 수 | 86쪽 |
| 室 | 집 실 | 78쪽 |
| 十 | 열 십 | 42쪽 |
| 五 | 다섯 오 | 32쪽 |
| 王 | 임금 왕 | 100쪽 |
| 外 | 바깥 외 | 108쪽 |
| 月 | 달 월 | 48쪽 |
| 二 | 두 이 | 26쪽 |
| 人 | 사람 인 | 102쪽 |
| 日 | 날 일 | 46쪽 |
| 一 | 한 일 | 24쪽 |
| 長 | 긴 장 | 110쪽 |
| 弟 | 아우 제 | 18쪽 |
| 中 | 가운데 중 | 84쪽 |
| 靑 | 푸를 청 | 88쪽 |
| 寸 | 마디 촌 | 22쪽 |
| 七 | 일곱 칠 | 36쪽 |
| 土 | 흙 토 | 58쪽 |
| 八 | 여덟 팔 | 38쪽 |
| 學 | 배울 학 | 68쪽 |
| 韓 | 한국/나라 한 | 94쪽 |
| 兄 | 형 형 | 16쪽 |
| 火 | 불 화 | 50쪽 |

## <참 쉬운 급수 한자 7급>

<참 쉬운 급수 한자 7급>에서 학습하세요.

|  |  |  |
|---|---|---|
| 歌 | 노래 가 | 74쪽 |
| 口 | 입 구 | 54쪽 |
| 旗 | 기 기 | 30쪽 |
| 冬 | 겨울 동 | 86쪽 |
| 洞 | 골 동/밝을 통 | 108쪽 |
| 同 | 한가지 동 | 44쪽 |
| 登 | 오를 등 | 100쪽 |
| 來 | 올 래(내) | 32쪽 |
| 老 | 늙을 로(노) | 18쪽 |
| 里 | 마을 리 | 84쪽 |
| 林 | 수풀 림(임) | 98쪽 |
| 面 | 낯 면 | 82쪽 |
| 命 | 목숨 명 | 60쪽 |
| 文 | 글월 문 | 50쪽 |
| 問 | 물을 문 | 78쪽 |
| 百 | 일백 백 | 88쪽 |
| 夫 | 지아비 부 | 68쪽 |
| 算 | 셈 산 | 110쪽 |
| 色 | 빛 색 | 22쪽 |
| 夕 | 저녁 석 | 84쪽 |
| 所 | 바 소 | 94쪽 |
| 少 | 적을 소 | 60쪽 |
| 數 | 셈 수 | 70쪽 |
| 植 | 심을 식 | 92쪽 |
| 心 | 마음 심 | 78쪽 |
| 語 | 말씀 어 | 96쪽 |
| 然 | 그럴 연 | 88쪽 |
| 有 | 있을 유 | 68쪽 |
| 育 | 기를 육 | 66쪽 |
| 邑 | 고을 읍 | 80쪽 |
| 入 | 들 입 | 20쪽 |
| 字 | 글자 자 | 52쪽 |
| 祖 | 할아버지 조 | 70쪽 |
| 住 | 살 주 | 92쪽 |
| 主 | 임금/주인 주 | 76쪽 |
| 重 | 무거울 중 | 106쪽 |
| 地 | 땅 지 | 40쪽 |
| 紙 | 종이 지 | 16쪽 |
| 川 | 내 천 | 66쪽 |
| 千 | 일천 천 | 46쪽 |
| 天 | 하늘 천 | 64쪽 |
| 草 | 풀 초 | 90쪽 |
| 村 | 마을 촌 | 28쪽 |
| 秋 | 가을 추 | 24쪽 |
| 春 | 봄 춘 | 12쪽 |
| 出 | 날 출 | 34쪽 |
| 便 | 편할 편/똥오줌 변 | 26쪽 |
| 夏 | 여름 하 | 62쪽 |
| 花 | 꽃 화 | 72쪽 |
| 休 | 쉴 휴 | 38쪽 |

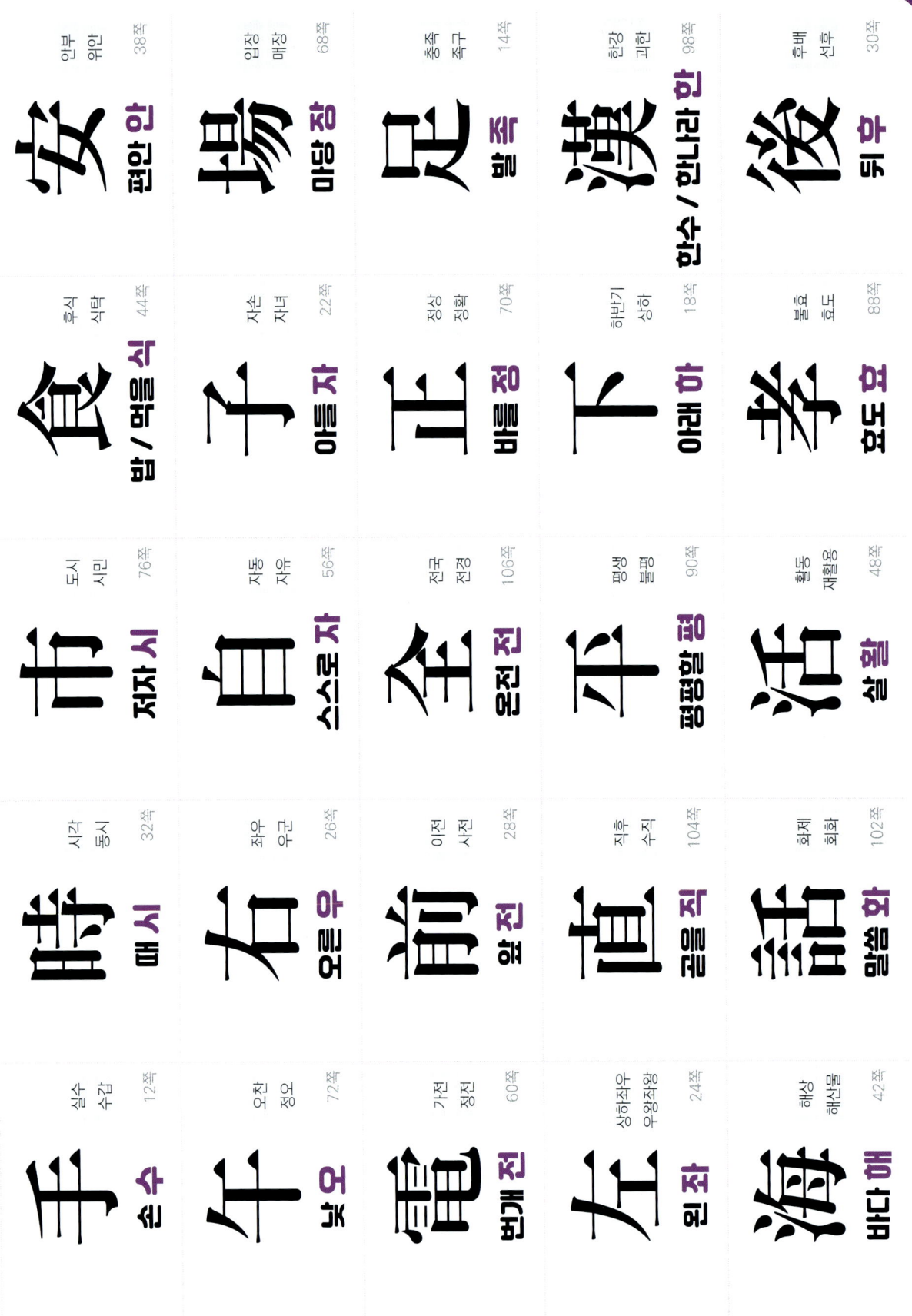

# 참 쉬운 급수 한자

## 7급 Ⅱ

정답 PDF 파일은 EBS 초등사이트(primary.ebs.co.kr)에서 내려받으실 수 있습니다.

**교재 내용 문의**
교재 내용 문의는 EBS 초등사이트 (primary.ebs.co.kr)의 교재 Q&A 서비스를 활용하시기 바랍니다.

**교재 정오표 공지**
발행 이후 발견된 정오 사항을 EBS 초등사이트 정오표 코너에서 알려 드립니다.
교재 검색 ▶ 교재 선택 ▶ 정오표

**교재 정정 신청**
공지된 정오 내용 외에 발견된 정오 사항이 있다면 EBS에 알려 주세요.
교재 검색 ▶ 교재 선택 ▶ 교재 Q&A

# EBS와 함께하는 초등 학습
# 참 쉬운 글쓰기 급수 한자

| 참 쉬운 글쓰기 | | | 참 쉬운 급수 한자 | | |
|---|---|---|---|---|---|
| 따라 쓰는 글쓰기 (1~2학년) | 문법에 맞는 글쓰기 (3~6학년) | 목적에 맞는 글쓰기 (3~6학년) | 8급 | 7급 II | 7급 |

# 참 쉬운 급수 한자

## 7급 Ⅱ

## \<EBS 참 쉬운 급수 한자\>
# 구성과 특징

## 이렇게 활용하면 한자가 더 쉬워집니다!

**❶ 하루 2자씩, 25일 완성**

자기 주도 학습으로 25일 동안 차근차근 학습을 할 수 있어요.

**❷ 따라 쓰기**

올바른 순서로 따라 쓰면서 완벽하게 이해해요.

## 한자를 더 쉽게 만드는 특별 부록!

▶ 본문 50개의 한자와 책상 부착용 한자 포스터

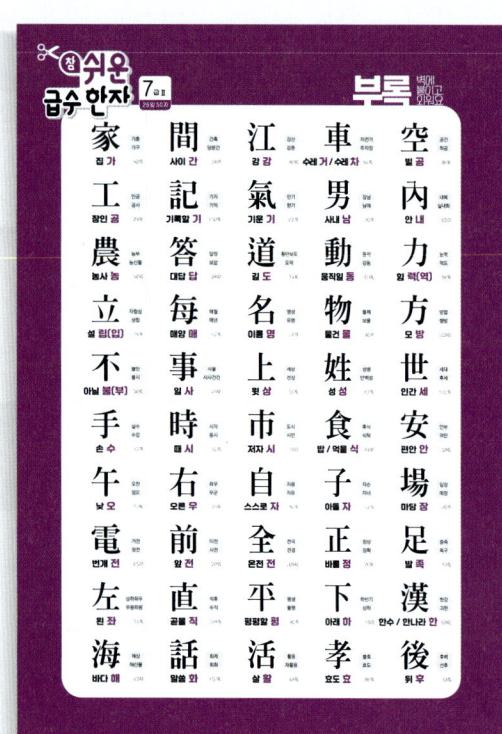

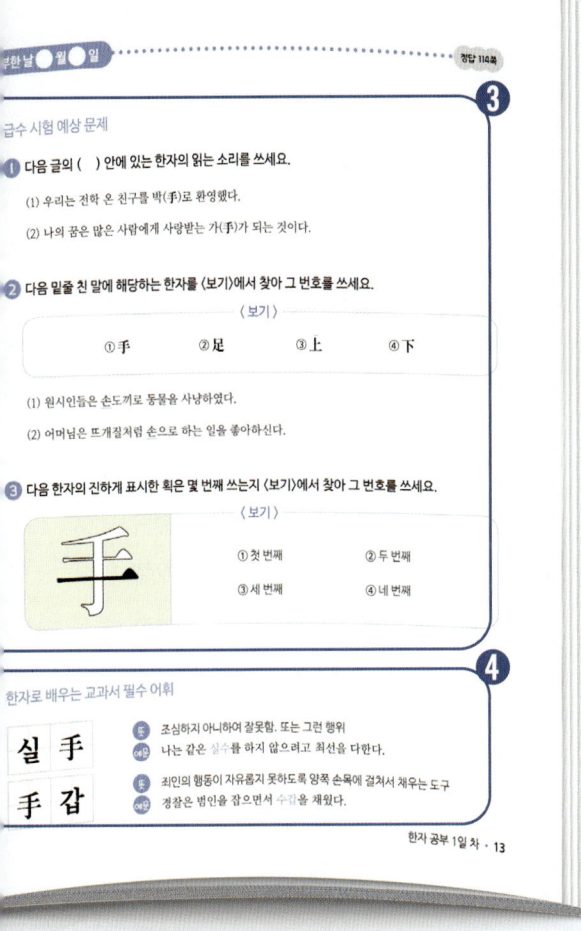

### ❸ 예상 문제

이해하기 쉬운 예문을 읽으면서
문제를 풀어 봅니다.
오늘 배운 한자를 활용해 보아요.

### ❹ 필수 어휘

교과서 필수 어휘를 수록하여
어휘 실력을 더 향상할 수 있어요.

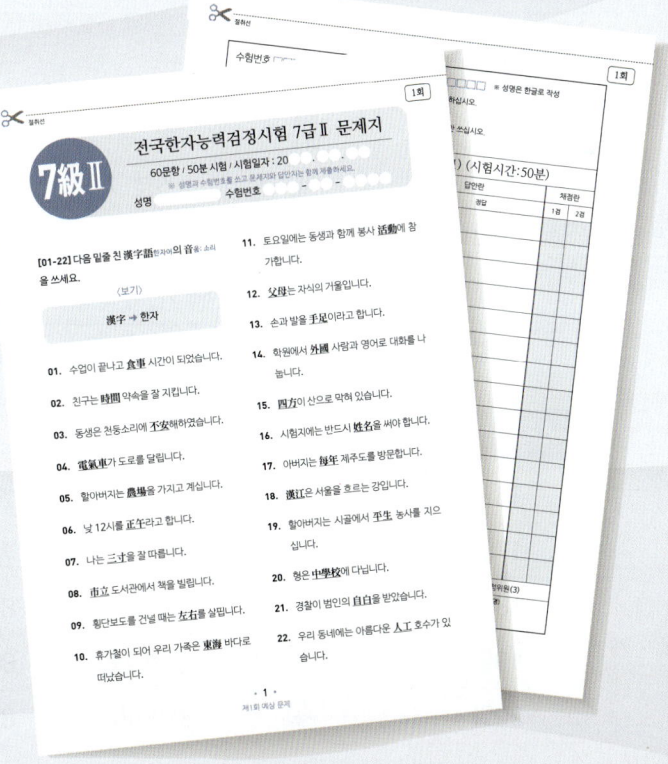

▶ **한국어문회한자능력검정시험에 대한
설명**(본문 8쪽)
  ▸ 시험 안내, 시험지와 답안지 예시 샘플,
    작성 방법
  ▸ 시험과 답안지 작성 방법은 강의로도
    제작하여 연결

▶ **시험장을 그대로, 모의고사와 답안지**
  ▸ 실제 시험지 크기와 유사하게 제작
    현장에서 당황하지 않도록
    3회분 모의고사와 연습 답안지를 제공

구성과 특징 · 03

# 차례

<EBS 참 쉬운 급수 한자>

### • 1주 차 •

| | | | | | | |
|---|---|---|---|---|---|---|
| 1일 | 手 | 손 수 | 12쪽 | 足 | 발 족 | 14쪽 |
| 2일 | 上 | 윗 상 | 16쪽 | 下 | 아래 하 | 18쪽 |
| 3일 | 男 | 사내 남 | 20쪽 | 子 | 아들 자 | 22쪽 |
| 4일 | 左 | 왼 좌 | 24쪽 | 右 | 오른 우 | 26쪽 |
| 5일 | 前 | 앞 전 | 28쪽 | 後 | 뒤 후 | 30쪽 |

### • 2주 차 •

| | | | | | | |
|---|---|---|---|---|---|---|
| 6일 | 時 | 때 시 | 32쪽 | 間 | 사이 간 | 34쪽 |
| 7일 | 不 | 아닐 불(부) | 36쪽 | 安 | 편안 안 | 38쪽 |
| 8일 | 江 | 강 강 | 40쪽 | 海 | 바다 해 | 42쪽 |
| 9일 | 食 | 밥 / 먹을 식 | 44쪽 | 事 | 일 사 | 46쪽 |
| 10일 | 活 | 살 활 | 48쪽 | 動 | 움직일 동 | 50쪽 |

### • 3주 차 •

| | | | | | | |
|---|---|---|---|---|---|---|
| 11일 | 姓 | 성 성 | 52쪽 | 名 | 이름 명 | 54쪽 |
| 12일 | 自 | 스스로 자 | 56쪽 | 力 | 힘 력(역) | 58쪽 |
| 13일 | 電 | 번개 전 | 60쪽 | 氣 | 기운 기 | 62쪽 |
| 14일 | 車 | 수레 거 / 수레 차 | 64쪽 | 農 | 농사 농 | 66쪽 |
| 15일 | 場 | 마당 장 | 68쪽 | 正 | 바를 정 | 70쪽 |

### • 4주 차 •

| | | | | | | |
|---|---|---|---|---|---|---|
| 16일 | 午 | 낮 오 | 72쪽 | 道 | 길 도 | 74쪽 |
| 17일 | 市 | 저자 시 | 76쪽 | 立 | 설 립(입) | 78쪽 |
| 18일 | 家 | 집 가 | 80쪽 | 內 | 안 내 | 82쪽 |
| 19일 | 工 | 장인 공 | 84쪽 | 空 | 빌 공 | 86쪽 |
| 20일 | 孝 | 효도 효 | 88쪽 | 平 | 평평할 평 | 90쪽 |

## • 5주 차 •

| 21일 | 每 | 매양 매 | 92쪽 | 答 | 대답 답 | 94쪽 |
|---|---|---|---|---|---|---|
| 22일 | 物 | 물건 물 | 96쪽 | 漢 | 한수/한나라 한 | 98쪽 |
| 23일 | 記 | 기록할 기 | 100쪽 | 話 | 말씀 화 | 102쪽 |
| 24일 | 直 | 곧을 직 | 104쪽 | 全 | 온전 전 | 106쪽 |
| 25일 | 方 | 모 방 | 108쪽 | 世 | 인간 세 | 110쪽 |

## 특별 부록

한자 급수 시험 예상 모의고사 1회

한자 급수 시험 예상 모의고사 2회

한자 급수 시험 예상 모의고사 3회

책상 부착용 포스터

## 8급 배정 한자

〈참 쉬운 급수 한자 8급〉에서 학습하세요.

| 父 아버지 부 | 母 어머니 모 | 兄 형 형 | 弟 아우 제 | 女 여자 녀(여) | 寸 마디 촌 | 一 한 일 | 二 두 이 | 三 석 삼 | 四 넉 사 |
| 五 다섯 오 | 六 여섯 륙(육) | 七 일곱 칠 | 八 여덟 팔 | 九 아홉 구 | 十 열 십 | 萬 일만 만 | 日 날 일 | 月 달 월 | 火 불 화 |
| 水 물 수 | 木 나무 목 | 金 쇠금/성씨 김 | 土 흙 토 | 東 동녘 동 | 西 서녘 서 | 南 남녘 남 | 北 북녘북/달아날배 | 學 배울 학 | 校 학교 교 |
| 先 먼저 선 | 生 날 생 | 敎 가르칠 교 | 室 집 실 | 門 문 문 | 大 큰 대 | 中 가운데 중 | 小 작을 소 | 靑 푸를 청 | 白 흰 백 |
| 軍 군사 군 | 韓 한국/나라 한 | 民 백성 민 | 國 나라 국 | 王 임금 왕 | 人 사람 인 | 年 해 년(연) | 山 산 산 | 外 바깥 외 | 長 긴 장 |

## 7급 배정 한자

〈참 쉬운 급수 한자 7급〉에서 학습하세요.

| 出 날 출 | 入 들 입 | 有 있을 유 | 老 늙을 로(노) | 少 적을 소 | 夕 저녁 석 | 春 봄 춘 | 夏 여름 하 | 秋 가을 추 | 冬 겨울 동 |
| 來 올 래(내) | 便 편할편/똥오줌변 | 紙 종이 지 | 天 하늘 천 | 地 땅 지 | 川 내 천 | 百 일백 백 | 千 일천 천 | 重 무거울 중 | 文 글월 문 |
| 字 글자 자 | 旗 기 기 | 住 살 주 | 所 바 소 | 命 목숨 명 | 花 꽃 화 | 草 풀 초 | 育 기를 육 | 算 셈 산 | 數 셈 수 |
| 休 쉴 휴 | 口 입 구 | 心 마음 심 | 問 물을 문 | 邑 고을 읍 | 面 낯 면 | 里 마을 리 | 洞 골동/밝을통 | 夫 지아비 부 | 村 마을 촌 |
| 植 심을 식 | 林 수풀 림(임) | 然 그럴 연 | 歌 노래 가 | 登 오를 등 | 祖 할아버지 조 | 主 임금/주인 주 | 語 말씀 어 | 同 한가지 동 | 色 빛 색 |

<EBS 참 쉬운 급수 한자>

# 급수 시험 소개와 학습 수준 안내

## ● 한자를 배우고 공부해야 하는 이유

우리말은 70% 이상이 한자어이고 나머지는 고유어(순우리말)와 외래어로 구성되어 있습니다. 우리말의 어휘력을 늘리고, 더 쉽게 이해하기 위해서는 한자 공부가 필요합니다.

## ● 한자 자격 급수별 안내

| 교육 급수 | | 8급 | 7급Ⅱ | 7급 | 6급Ⅱ | 6급 | 5급Ⅱ | 5급 | 4급Ⅱ | 4급 |
|---|---|---|---|---|---|---|---|---|---|---|
| 배정 한자 | 신규 | 50 | 50 | 50 | 75 | 75 | 100 | 100 | 250 | 250 |
| | 누적 | 50 | 100 | 150 | 225 | 300 | 400 | 500 | 750 | 1,000 |
| | 읽기 | 50 | 100 | 150 | 225 | 300 | 400 | 500 | 750 | 1,000 |
| | 쓰기 | – | – | – | 50 | 150 | 225 | 300 | 400 | 500 |
| 출제 문항 | | 50 | 60 | 70 | 80 | 90 | 100 | 100 | 100 | 100 |
| 합격 기준 | | 35 | 42 | 49 | 56 | 63 | 70 | 70 | 70 | 70 |
| 시험 시간 | | 50분 | | | | | | | | |
| 응시 비용 | | 20,000원 | | | | | | | | |

| 공인 급수 | | 3급Ⅱ | 3급 | 2급 | 1급 | 특급Ⅱ | 특급 |
|---|---|---|---|---|---|---|---|
| 배정 한자 | 신규 | 500 | 317 | 538 | 1,145 | 1,418 | 1,060 |
| | 누적 | 1,500 | 1,817 | 2,355 | 3,500 | 4,918 | 5,978 |
| | 읽기 | 1,500 | 1,817 | 2,355 | 3,500 | 4,918 | 5,978 |
| | 쓰기 | 750 | 1,000 | 1,817 | 2,005 | 2,355 | 3,500 |
| 출제 문항 | | 150 | 150 | 150 | 200 | 200 | 200 |
| 합격 기준 | | 105 | 105 | 105 | 160 | 160 | 160 |
| 시험 시간 | | 60분 | 60분 | 60분 | 90분 | 100분 | 100분 |
| 응시 비용 | | 25,000원 | | | 45,000원 | | |

## ● 한자 자격 급수 시험 응시 방법 안내

▶ 시험 시작 20분 전까지 고사실에 입실해야 하며, 동반자는 20분 전까지 고사장 밖으로 퇴장해야 합니다.
▶ 급수별로 연 4회 실시하며 매년 시행 기관 홈페이지에서 세부 일정을 안내합니다. 단, 고사장 운영 및 대입 일정, 방역 대책 등의 사유로 변경될 수 있습니다.

## ▶ 급수별 출제 기준(교육 급수)

| 구분 | 8급 | 7급 II | 7급 | 6급 II | 6급 | 5급 II | 5급 | 4급 II | 4급 |
|---|---|---|---|---|---|---|---|---|---|
| 독음(讀音) | 24 | 22 | 32 | 32 | 33 | 35 | 35 | 35 | 32 |
| 훈음(訓音) | 24 | 30 | 30 | 29 | 22 | 23 | 23 | 22 | 22 |
| 장단음(長短音) | 0 | 0 | 0 | 0 | 0 | 0 | 0 | 0 | 3 |
| 상대어(相對語) | 0 | 2 | 2 | 2 | 3 | 3 | 3 | 3 | 3 |
| 성어(成語) | 0 | 2 | 2 | 2 | 3 | 4 | 4 | 5 | 5 |
| 부수(部首) | 0 | 0 | 0 | 0 | 0 | 0 | 0 | 3 | 3 |
| 유의어(類義語) | 0 | 0 | 0 | 0 | 2 | 3 | 3 | 3 | 3 |
| 동음이의어(同音異義語) | 0 | 0 | 0 | 0 | 2 | 3 | 3 | 3 | 3 |
| 뜻풀이 | 0 | 2 | 2 | 2 | 2 | 3 | 3 | 3 | 3 |
| 약자(略字) | 0 | 0 | 0 | 0 | 0 | 3 | 3 | 3 | 3 |
| 한자 쓰기 | 0 | 0 | 0 | 10 | 20 | 20 | 20 | 20 | 20 |
| 필순(筆順) | 2 | 2 | 2 | 3 | 3 | 3 | 3 | 0 | 0 |
| 출제 문항 수 | 50 | 60 | 70 | 80 | 90 | 100 | 100 | 100 | 100 |

※ 한국어문회(한국한자능력검정회) 기준입니다. 시험 시행 기관에 따라 배정 한자와 시행 방법이 다를 수 있습니다.
※ 한국어문회(한국한자능력검정회) 홈페이지(www.hanja.re.kr)에서 확인할 수 있습니다.

## ▶ 이외 한자 급수 시험 주최 기관

한자 급수 시험 주최 기관은 '한국어문회' 외에도 아래의 기관별 홈페이지에서 응시 정보를 확인할 수 있습니다.

▶ **대한검정회** | www.hanja.ne.kr
  8급 30자 25문제, 7급 50자 25문제, 6급 70자 50문제이며 70점 이상이면 합격
  8급부터 준5급까지는 객관식 문제만 출제, 6급까지는 뜻과 음만 알면 풀 수 있는 문제로 구성

▶ **한자교육진흥회** | web.hanja114.org
  8급 50자 50문제, 7급 120자 50문제, 6급 170자 80문제가 출제되며 70점 이상이면 합격
  7·8급은 음과 뜻 맞추기 문제가 출제되고, 6급부터 쓰기 문제가 출제

▶ **상공회의소** | license.korcham.net
  9급 50자 30문제, 8급 100자 50문제, 7급 150자 70문제이며 60점 이상 득점하면 합격
  9급은 한자의 음과 뜻을 묻는 문제, 7급부터 뜻풀이, 빈칸 채우기 문제가 출제

# 〈EBS 참 쉬운 급수 한자〉
# 실제 시험지와 답안지 예시

## ◯ 시험 날 유의 사항

▶ 시험 당일에는 주민등록등본, 의료보험증 사본 등 수험생의 신분을 증명할 수 있는 서류와 볼펜, 수정 테이프를 준비합니다.

▶ 시험 시간 동안 보호자는 시험장 밖에서 기다려야 합니다.

1 고사장 도착 → 2 배치표 확인 → 3 고사실 입실 → 4 지정석 착석 → 5 시험 응시

▶ 연필과 지우개를 사용할 수 없으니 수정 테이프 사용 방법을 익혀 두고, OMR 카드를 사용하는 경우에는 답안 작성법을 미리 연습해 봅니다.

## 🔵 답안 작성 시 유의 사항

▶ 필기구는 검정색 볼펜, 일반 수성(플러스)펜을 사용하셔야 합니다.
▶ 연필, 붓 펜, 네임 펜, 컴퓨터용 펜, 유성 펜류는 뭉개져 흐려지거나, 번지거나, 반대편으로 배어 나와 채점 시 불이익을 받을 수 있습니다.
▶ 데이터 입력은 문자 인식 과정을 거치는데, 지정된 필기구를 사용하지 않거나, 검정색이 아닌 펜으로 작성된 답안지는 인식 과정에서 문제가 있을 수 있습니다.

▶ 수험표를 출력하여 준비하고, 수험표의 정보를 확인하여 시험지와 답안지에 그대로 적어야 합니다.

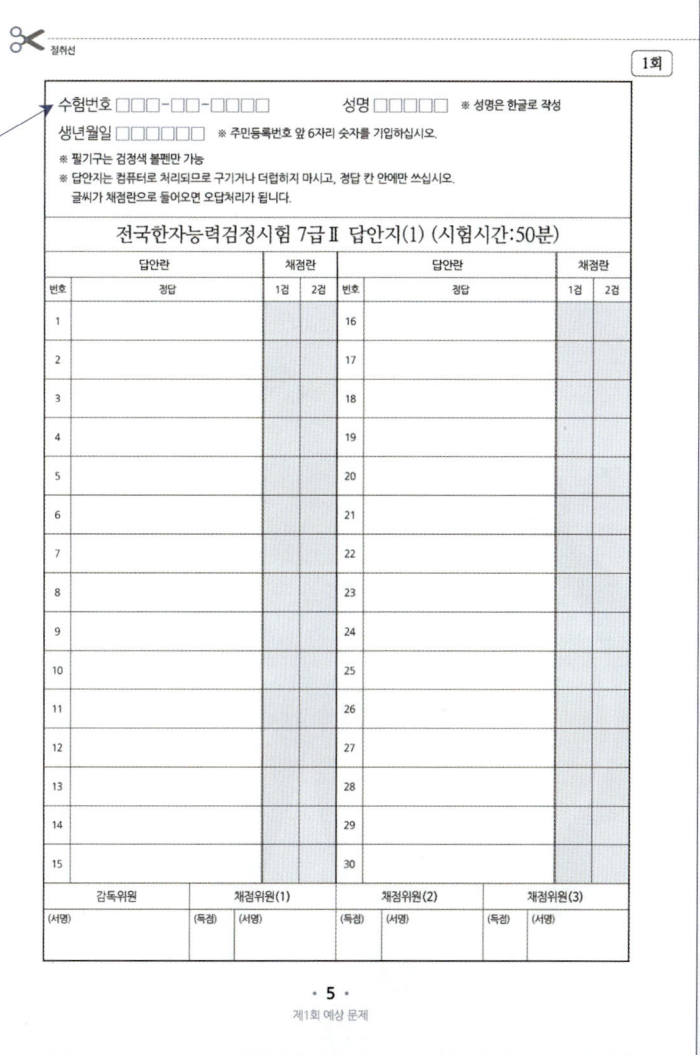

※ 본 시험지와 답안지, 수험표는 한국어문회 한자능력검정시험 기준입니다.

# 참 쉬운 급수 한자

**7급 II**

25일 50자

## 한자 공부 1일
## 手 / 足

手
손 수

- 뜻 … 손
- 소리 … 수
- 부수 … 手
- 쓰기 순서 … 一 → 二 → 三 → 手

다섯 손가락을 편 손의 모양을 본뜬 글자로, '손'을 뜻합니다.

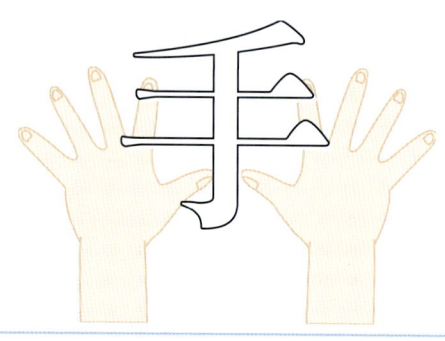

한자를 따라 써 보고, 한자의 뜻에 해당하는 그림을 색칠해 보세요.

| 手 | 手 | 手 | 手 | 手 | 手 |
|---|---|---|---|---|---|
| 손 수 | 손 수 | 손 수 | 손 수 | 손 수 | 손 수 |
|  |  |  |  |  |  |
|  |  |  |  |  |  |
|  |  |  |  |  |  |
|  |  |  |  |  |  |

공부한날 ○월 ○일   정답 114쪽

### 급수 시험 예상 문제

**1** 다음 글의 ( ) 안에 있는 한자의 읽는 소리를 쓰세요.

(1) 우리는 전학 온 친구를 박(手)로 환영했다.

(2) 나의 꿈은 많은 사람에게 사랑받는 가(手)가 되는 것이다.

**2** 다음 밑줄 친 말에 해당하는 한자를 〈보기〉에서 찾아 그 번호를 쓰세요.

〈 보기 〉
① 手    ② 足    ③ 上    ④ 下

(1) 원시인들은 손도끼로 동물을 사냥하였다.

(2) 어머님은 뜨개질처럼 손으로 하는 일을 좋아하신다.

**3** 다음 한자의 진하게 표시한 획은 몇 번째 쓰는지 〈보기〉에서 찾아 그 번호를 쓰세요.

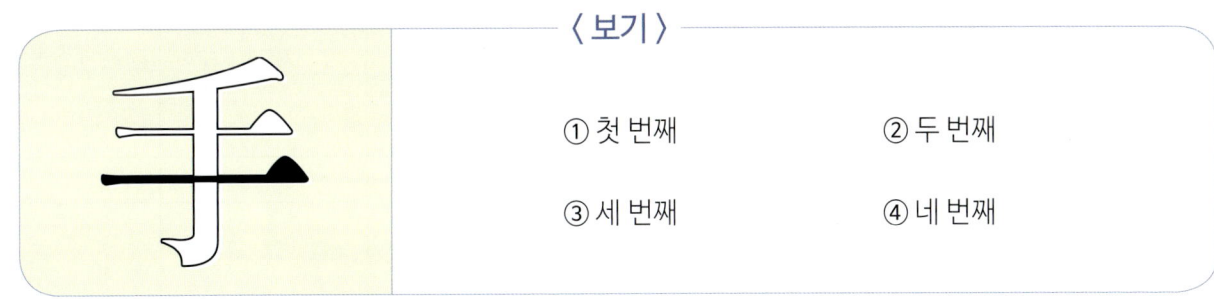

〈 보기 〉
① 첫 번째    ② 두 번째
③ 세 번째    ④ 네 번째

### 한자로 배우는 교과서 필수 어휘

| 실 | 手 |
|---|---|

- 뜻: 조심하지 아니하여 잘못함. 또는 그런 행위
- 예문: 나는 같은 실수를 하지 않으려고 최선을 다한다.

| 手 | 갑 |
|---|---|

- 뜻: 죄인의 행동이 자유롭지 못하도록 양쪽 손목에 걸쳐서 채우는 도구
- 예문: 경찰은 범인을 잡으면서 수갑을 채웠다.

한자 공부 1일 차 · 13

# 足

**발 족**

- 뜻 … 발
- 소리 … 족
- 부수 … 足
- 쓰기 순서 … 丨▸ 口▸ 口▸ 무▸ 무▸ 足

무릎에서 발끝까지의 모양을 본뜬 글자로, '발'을 뜻합니다.

한자를 따라 써 보고, 한자의 뜻에 해당하는 그림을 색칠해 보세요.

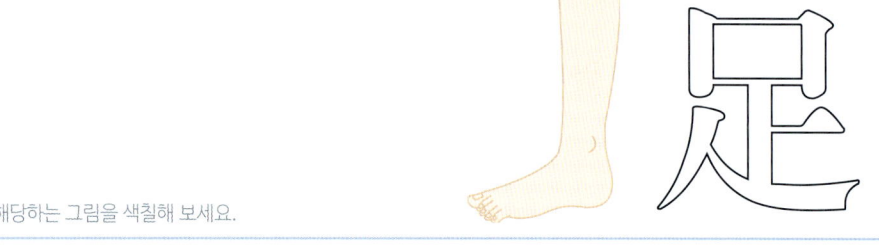

| 발 족 | 발 족 | 발 족 | 발 족 | 발 족 | 발 족 |
|---|---|---|---|---|---|
|  |  |  |  |  |  |
|  |  |  |  |  |  |
|  |  |  |  |  |  |

## 💡 급수 시험 예상 문제

**1** 다음 글의 ( ) 안에 있는 한자의 읽는 소리를 쓰세요.

(1) 수학 문제를 푸는 데 시간이 부(足)했다.

(2) 나는 부모님이 주신 생일 선물에 만(足)했다.

**2** 다음 밑줄 친 말에 해당하는 한자를 〈보기〉에서 찾아 그 번호를 쓰세요.

〈 보기 〉

① 上　　② 足　　③ 男　　④ 手

(1) 눈 위에 구두 발자국이 선명하다.

(2) 신발이 맞지 않아 발이 부었다.

**3** 다음 한자의 진하게 표시한 획은 몇 번째 쓰는지 〈보기〉에서 찾아 그 번호를 쓰세요.

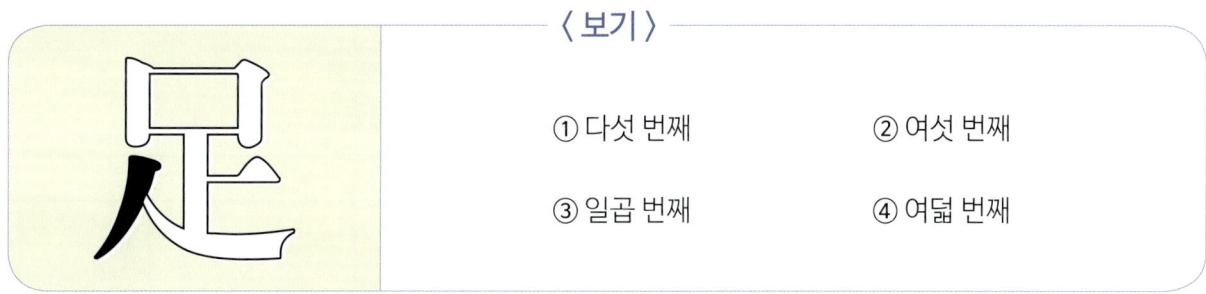

〈 보기 〉

① 다섯 번째　　② 여섯 번째

③ 일곱 번째　　④ 여덟 번째

## 💡 한자로 배우는 교과서 필수 어휘

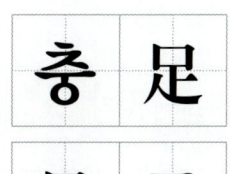

- 뜻: 넉넉하여 모자람이 없음.
- 예문: 아기들은 울음으로 충족되지 않음을 표현한다.

- 뜻: 발로 공을 차서 네트를 넘겨 승부를 겨루는 경기
- 예문: 학교 운동장에서 족구를 하다 넘어져 다리를 다쳤다.

한자 공부 1일 차 • 15

# 한자 공부 2일 — 上 / 下

## 上 윗 상

- **뜻**: 윗, 위
- **소리**: 상
- **부수**: 一
- **쓰기 순서**: 丨 → 卜 → 上

上은 하늘(위)을 가리키고 있는 것으로, '윗'이나 '위'를 뜻합니다.

한자를 따라 써 보고, 한자의 뜻에 해당하는 그림을 색칠해 보세요.

| 上 | 上 | 上 | 上 | 上 | 上 |
|---|---|---|---|---|---|
| 윗 상 | 윗 상 | 윗 상 | 윗 상 | 윗 상 | 윗 상 |
|  |  |  |  |  |  |
|  |  |  |  |  |  |
|  |  |  |  |  |  |
|  |  |  |  |  |  |

공부한날 ○월 ○일    정답 114쪽

## 급수 시험 예상 문제

**1** 다음 글의 ( ) 안에 있는 한자의 읽는 소리를 쓰세요.

(1) 올해가 끝나면 우리는 (上)급 학년으로 올라간다.

(2) 설악산 정(上)에서 바라보는 경치는 정말 멋지다.

**2** 다음 밑줄 친 말에 해당하는 한자를 〈보기〉에서 찾아 그 번호를 쓰세요.

〈 보기 〉

① 下    ② 男    ③ 上    ④ 子

(1) 새로 이사 온 위층 이웃과 인사를 했다.

(2) 언니는 나보다 두 살 위인 12살이다.

**3** 다음 한자의 진하게 표시한 획은 몇 번째 쓰는지 〈보기〉에서 찾아 그 번호를 쓰세요.

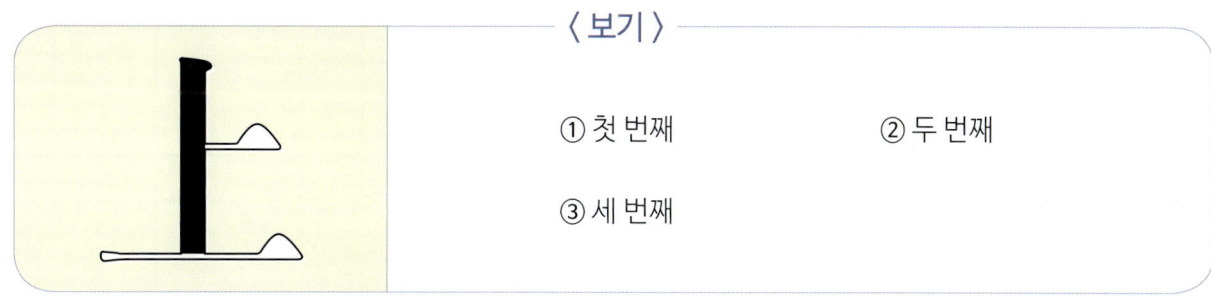

〈 보기 〉

① 첫 번째    ② 두 번째

③ 세 번째

## 한자로 배우는 교과서 필수 어휘

| 세 | 上 |
|---|---|
| 선 | 上 |

뜻: 사람이 살고 있는 모든 사회를 통틀어 이르는 말
예문: 세상에는 정말 다양한 사람들이 살고 있다.

뜻: 배 위
예문: 우리는 울릉도로 가는 선상에서 돌고래를 보았다.

한자 공부 2일 차 · 17

# 한자 공부 2일
## 上 / 下

下 아래 하

- 뜻 … 아래
- 소리 … 하
- 부수 … 一
- 쓰기 순서 … 一▸丅▸下

下는 아래를 가리키고 있는 것으로, '아래'나 '밑'을 뜻합니다.

한자를 따라 써 보고, 한자의 뜻에 해당하는 그림을 색칠해 보세요.

| 下 | 下 | 下 | 下 | 下 | 下 |
|---|---|---|---|---|---|
| 아래 하 | 아래 하 | 아래 하 | 아래 하 | 아래 하 | 아래 하 |
|  |  |  |  |  |  |
|  |  |  |  |  |  |
|  |  |  |  |  |  |

공부한 날 ○월 ○일 ········· 정답 114쪽

## 급수 시험 예상 문제

**1** 다음 글의 ( ) 안에 있는 한자의 읽는 소리를 쓰세요.

(1) 오늘은 기온이 영(下)로 내려가 옷을 따뜻하게 입었다.

(2) 친구들과 운동장에서 축구를 하고 (下)교하였다.

**2** 다음 밑줄 친 말에 해당하는 한자를 〈보기〉에서 찾아 그 번호를 쓰세요.

〈 보기 〉
① 男　　　② 子　　　③ 左　　　④ 下

(1) 잃어버렸던 지우개를 책상 밑에서 찾았다.

(2) 나는 훌륭한 선생님 아래에서 배웠다.

**3** 다음 한자의 진하게 표시한 획은 몇 번째 쓰는지 〈보기〉에서 찾아 그 번호를 쓰세요.

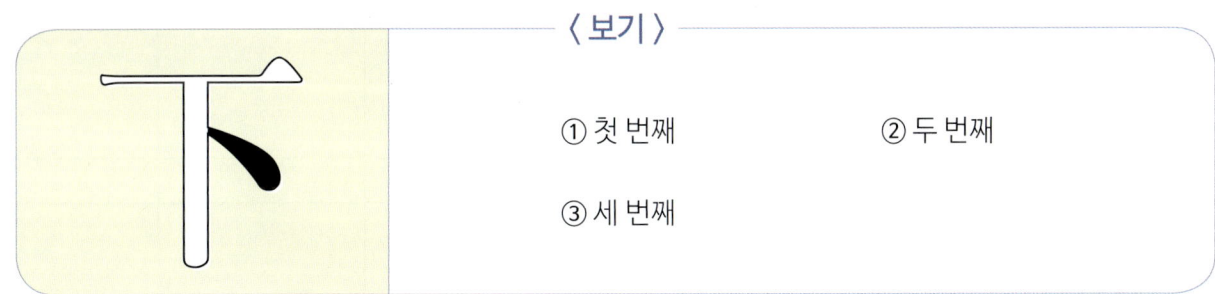

〈 보기 〉
① 첫 번째　　② 두 번째
③ 세 번째

## 한자로 배우는 교과서 필수 어휘

뜻 한 해나 어떤 일정한 기간을 둘로 나누었을 때 나중 되는 기간
예문 새로 짓는 학교 건물은 올 하반기에 완공될 예정이다.

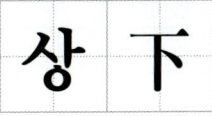

뜻 위와 아래를 아울러 이르는 말
예문 산에서 길을 잃는 사람은 옷을 상하로 흔들며 구조를 기다렸다.

# 男

- 뜻 → 사내
- 소리 → 남
- 부수 → 田
- 쓰기 순서 → 丨, 冂, 田, 田, 田, 男, 男

**사내 남**

한자 공부 3일
男 / 子

力(힘 력)에 田(밭 전)이 합쳐져 男은 논이나 밭을 가는 사람을 나타냅니다. 고대의 농사일은 모두 남성의 몫이었습니다. 그래서 男은 '사내', '남자'를 뜻합니다.

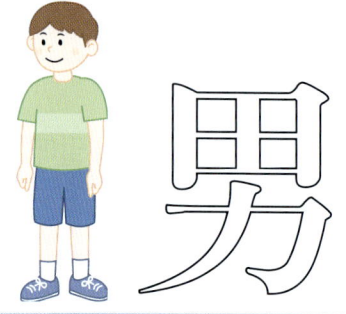

한자를 따라 써 보고, 한자의 뜻에 해당하는 그림을 색칠해 보세요.

| 男 | 男 | 男 | 男 | 男 | 男 |
|---|---|---|---|---|---|
| 사내 남 | 사내 남 | 사내 남 | 사내 남 | 사내 남 | 사내 남 |
|  |  |  |  |  |  |
|  |  |  |  |  |  |
|  |  |  |  |  |  |
|  |  |  |  |  |  |

### 급수 시험 예상 문제

**1** 다음 글의 ( ) 안에 있는 한자의 읽는 소리를 쓰세요.

(1) 우리 반은 (男)학생이 여학생보다 더 많다.

(2) 화장실은 (男)자용과 여자용으로 나누어져 있다.

**2** 다음 밑줄 친 말에 해당하는 한자를 〈보기〉에서 찾아 그 번호를 쓰세요.

〈보기〉
① 男    ② 左    ③ 下    ④ 右

(1) 사내아이들은 운동장에서 달리기 시합을 하고 있었다.

(2) 남자와 여자는 많은 면에서 다르다.

**3** 다음 한자의 진하게 표시한 획은 몇 번째 쓰는지 〈보기〉에서 찾아 그 번호를 쓰세요.

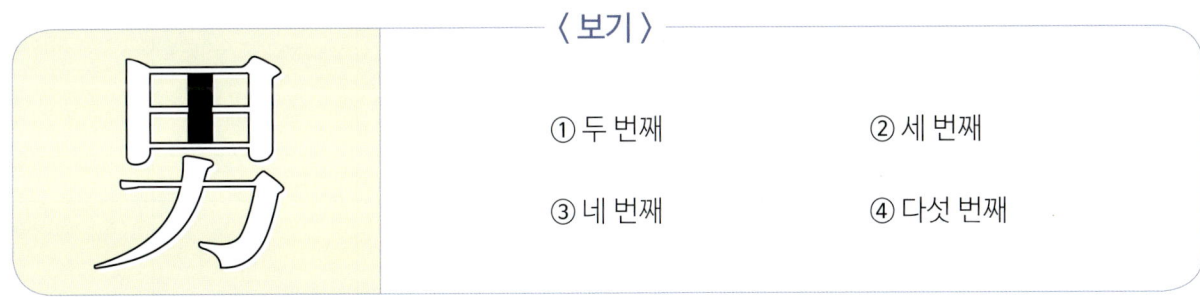

〈보기〉
① 두 번째    ② 세 번째
③ 네 번째    ④ 다섯 번째

### 한자로 배우는 교과서 필수 어휘

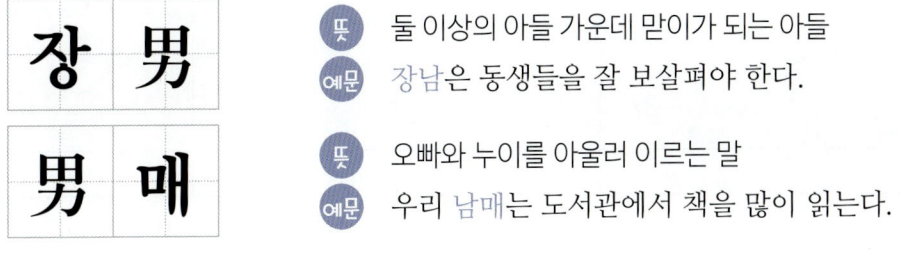

- 뜻: 둘 이상의 아들 가운데 맏이가 되는 아들
- 예문: 장남은 동생들을 잘 보살펴야 한다.

- 뜻: 오빠와 누이를 아울러 이르는 말
- 예문: 우리 남매는 도서관에서 책을 많이 읽는다.

한자 공부 3일
男 / 子

子
아들 자

- 뜻 … 아들
- 소리 … 자
- 부수 … 子
- 쓰기 순서 … 了 ▸ 了 ▸ 子

어린아이가 두 팔을 벌리고 있는 모양을 본뜬 글자로, '아들'을 뜻합니다.

한자를 따라 써 보고, 한자의 뜻에 해당하는 그림을 색칠해 보세요.

| 子 | 子 | 子 | 子 | 子 | 子 |
|---|---|---|---|---|---|
| 아들 자 | 아들 자 | 아들 자 | 아들 자 | 아들 자 | 아들 자 |
|  |  |  |  |  |  |
|  |  |  |  |  |  |
|  |  |  |  |  |  |
|  |  |  |  |  |  |

공부한 날 ●월 ●일   정답 114쪽

💡 **급수 시험 예상 문제**

❶ 다음 글의 ( ) 안에 있는 한자의 읽는 소리를 쓰세요.

(1) 부모님은 (子)식이 아프지 않을까 항상 걱정이시다.

(2) 임금님의 아들을 왕(子)라 한다.

❷ 다음 밑줄 친 말에 해당하는 한자를 〈보기〉에서 찾아 그 번호를 쓰세요.

〈 보기 〉
① 右     ② 子     ③ 男     ④ 左

(1) 운동회 때 아버지와 아들은 한 편이 되었다.

(2) 아버지와 아들은 안전 장비를 갖추고 자전거를 탔다.

❸ 다음 한자의 진하게 표시한 획은 몇 번째 쓰는지 〈보기〉에서 찾아 그 번호를 쓰세요.

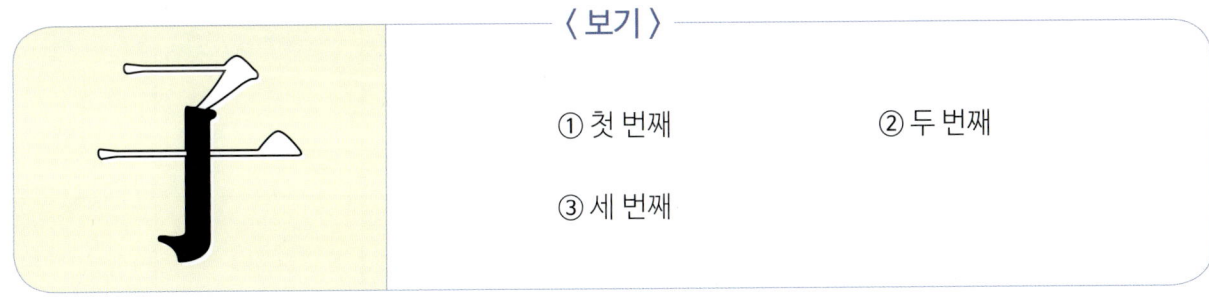

〈 보기 〉
① 첫 번째     ② 두 번째
③ 세 번째

💡 **한자로 배우는 교과서 필수 어휘**

| 子 손 |
|---|

- 뜻: 자식과 손자를 아울러 이르는 말
- 예문: 그 할아버지는 자손을 많이 두셨다.

| 子 녀 |
|---|

- 뜻: 아들과 딸을 아울러 이르는 말
- 예문: 할머니는 유독 자녀를 사랑하셨다.

한자 공부 3일 차 · 23

## 한자 공부 4일
## 左 / 右

# 左
### 왼 좌

- 뜻 … 왼, 왼쪽
- 소리 … 좌
- 부수 … 工
- 쓰기 순서 … 一 ▸ ナ ▸ ナ ▸ 左 ▸ 左

왼손에 工(도구 공)을 들고 있는 모습을 본뜬 글자입니다. 도구를 들고 도와주는 손은 왼손이라고 여겨, **'왼쪽'**을 뜻합니다.

한자를 따라 써 보고, 한자의 뜻에 해당하는 그림을 색칠해 보세요.

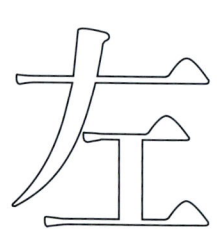

| 左 | 左 | 左 | 左 | 左 | 左 |
|---|---|---|---|---|---|
| 왼 좌 | 왼 좌 | 왼 좌 | 왼 좌 | 왼 좌 | 왼 좌 |
|  |  |  |  |  |  |
|  |  |  |  |  |  |
|  |  |  |  |  |  |
|  |  |  |  |  |  |

공부한날 ○월 ○일                                          정답 114쪽

## 급수 시험 예상 문제

**1** 다음 글의 ( ) 안에 있는 한자의 읽는 소리를 쓰세요.

(1) 종이에 물감을 바르고 반으로 접어 (左)우 똑같은 무늬를 만들었다.

(2) (左)회전을 하려면 운전대를 왼쪽 방향으로 돌려야 한다.

**2** 다음 밑줄 친 말에 해당하는 한자를 〈보기〉에서 찾아 그 번호를 쓰세요.

〈 보기 〉

① 右          ② 前          ③ 左          ④ 後

(1) 사진에서 왼쪽에 서 있는 사람은 나의 삼촌이다.

(2) 나는 글씨 쓰기, 가위질을 왼손으로 한다.

**3** 다음 한자의 진하게 표시한 획은 몇 번째 쓰는지 〈보기〉에서 찾아 그 번호를 쓰세요.

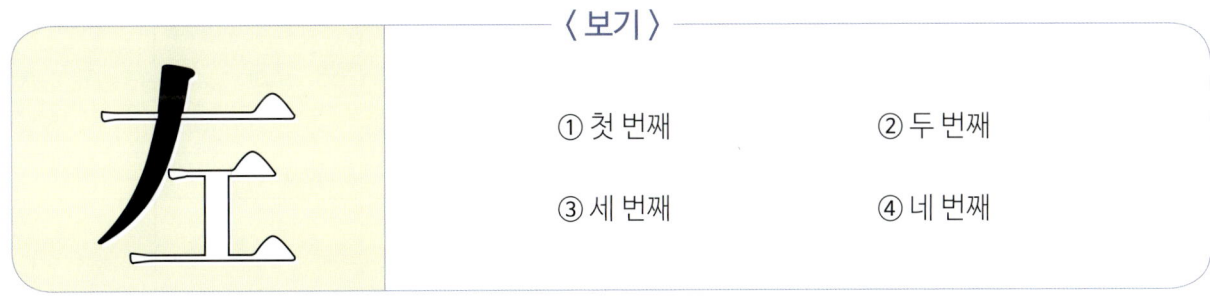

① 첫 번째     ② 두 번째
③ 세 번째     ④ 네 번째

## 한자로 배우는 교과서 필수 어휘

- 뜻: 위와 아래, 왼쪽과 오른쪽을 아울러 이르는 말
- 예문: 이 놀이 기구는 상하좌우로 움직일 수 있도록 되어 있다.

- 뜻: 이리저리 왔다 갔다 하면서 결정을 내리지 못하고 망설임.
- 예문: 불이 나자 사람들은 우왕좌왕했다.

한자 공부 4일 차 · 25

## 한자 공부 4일
## 左 / 右

**右**
오른 우

- 뜻 ⋯ 오른, 오른쪽
- 소리 ⋯ 우
- 부수 ⋯ 口
- 쓰기 순서 ⋯ ノ ナ ナ 右 右

식사할 때 밥을 먹는 입을 의미하는 口(입 구)와 손을 뜻하는 又(또 우)가 합쳐져 '오른쪽'을 뜻합니다.

한자를 따라 써 보고, 한자의 뜻에 해당하는 그림을 색칠해 보세요.

| 右 | 右 | 右 | 右 | 右 | 右 |
|---|---|---|---|---|---|
| 오른 우 | 오른 우 | 오른 우 | 오른 우 | 오른 우 | 오른 우 |
| | | | | | |
| | | | | | |
| | | | | | |

정답 114쪽

## 💡 급수 시험 예상 문제

**1** 다음 글의 (　) 안에 있는 한자의 읽는 소리를 쓰세요.

(1) 복도를 다닐 때는 (右)측통행을 합니다.

(2) 할아버지 집으로 가는 길의 좌(右)에는 논밭이 펼쳐져 있었다.

**2** 다음 밑줄 친 말에 해당하는 한자를 〈보기〉에서 찾아 그 번호를 쓰세요.

〈 보기 〉

① 後　　　② 前　　　③ 右　　　④ 左

(1) 글씨는 왼쪽에서 오른쪽으로 씁니다.

(2) 사거리에서 오른쪽으로 돌아가니 미술관이 있었다.

**3** 다음 한자의 진하게 표시한 획은 몇 번째 쓰는지 〈보기〉에서 찾아 그 번호를 쓰세요.

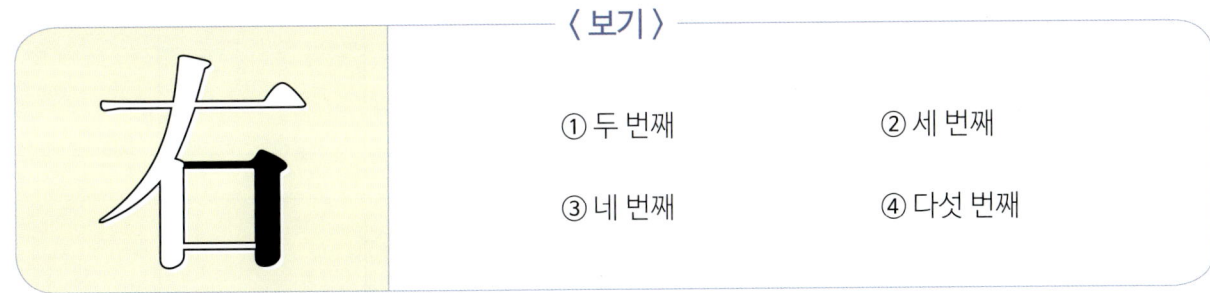

〈 보기 〉

① 두 번째　　② 세 번째
③ 네 번째　　④ 다섯 번째

## 💡 한자로 배우는 교과서 필수 어휘

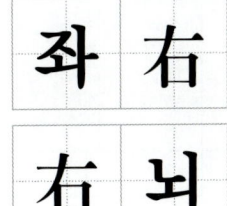

| 좌 | 右 |

- 뜻: 왼쪽과 오른쪽을 아울러 이르는 말
- 예문: 잠자리의 날개는 좌우 2쌍이다.

| 右 | 뇌 |

- 뜻: 뇌의 오른쪽 부분
- 예문: 사람들은 우뇌가 창의적인 능력을 담당한다고 생각한다.

한자 공부 4일 차 • 27

## 한자 공부 5일
### 前 / 後

- 뜻 … 앞
- 소리 … 전
- 부수 … 刀
- 쓰기 순서 … 丶 → 丷 → 亠 → 广 → 肯 → 肯 → 前 → 前 → 前

**前 앞 전**

舟(배 주)와 止(발 지)가 결합한 歬은 '(배가) 앞으로 가다'라는 뜻을 표현한 것입니다. 나중에 舟는 月(달 월)로 바뀌고 止는 䒑로 변형되고 여기에 刀(칼 도)가 더해졌습니다.

한자를 따라 써 보고, 한자의 뜻에 해당하는 그림을 색칠해 보세요.

| 前 | 前 | 前 | 前 | 前 | 前 |
|---|---|---|---|---|---|
| 앞 전 | 앞 전 | 앞 전 | 앞 전 | 앞 전 | 앞 전 |
|  |  |  |  |  |  |
|  |  |  |  |  |  |
|  |  |  |  |  |  |
|  |  |  |  |  |  |

공부한 날 ○월 ○일

정답 114쪽

### 급수 시험 예상 문제

**1** 다음 글의 ( ) 안에 있는 한자의 읽는 소리를 쓰세요.

(1) 축구 경기는 (**前**)반과 후반을 합해서 90분이다.

(2) 오(**前**) 9시에 온라인 수업을 들었다.

**2** 다음 밑줄 친 말에 해당하는 한자를 〈보기〉에서 찾아 그 번호를 쓰세요.

〈 보기 〉

① 後    ② 時    ③ 前    ④ 右

(1) 문 앞에 택배가 와 있었다.

(2) 우리는 학교 앞에서 만나기로 했다.

**3** 다음 한자의 진하게 표시한 획은 몇 번째 쓰는지 〈보기〉에서 찾아 그 번호를 쓰세요.

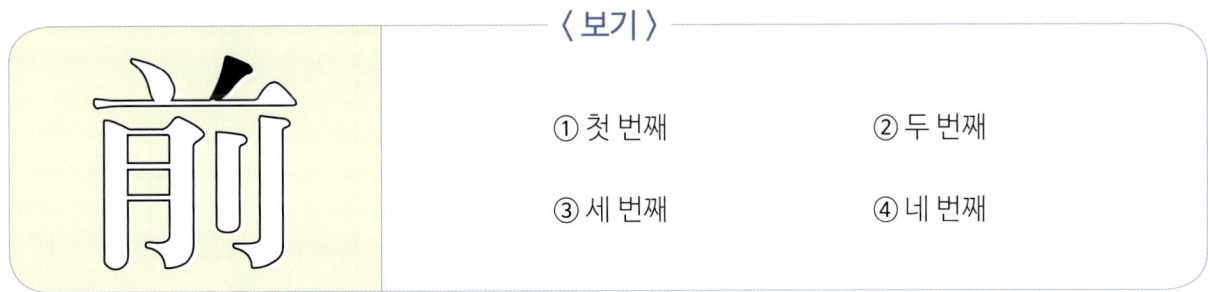

〈 보기 〉

① 첫 번째    ② 두 번째

③ 세 번째    ④ 네 번째

###  한자로 배우는 교과서 필수 어휘

- 뜻: 이제보다 전
- 예문: 이곳은 이전에는 참 살기 좋은 곳이었다.

- 뜻: 일이 일어나기 전. 또는 일을 시작하기 전
- 예문: 스승의 날을 축하하기 위해 친구들과 사전 준비를 하였다.

한자 공부 5일 차 · 29

# 한자 공부 5일
## 前 / 後

後
뒤 후

- 뜻 … 뒤
- 소리 … 후
- 부수 … 彳
- 쓰기 순서 … ノ, ⼃, 彳, 彳, 㣇, 㣇, 㣇, 後, 後

彳(조금 걸을 척 : 길) + 幺(작을 요 : 끈 모양) + 夂(천천히 걸을 쇠 : 발). 즉, 길을 가는데 발이 끈으로 묶여 걸음이 뒤처지는 모습을 나타내 '뒤'를 뜻합니다.

한자를 따라 써 보고, 한자의 뜻에 해당하는 그림을 색칠해 보세요.

| 後 | 後 | 後 | 後 | 後 | 後 |
|---|---|---|---|---|---|
| 뒤 후 | 뒤 후 | 뒤 후 | 뒤 후 | 뒤 후 | 뒤 후 |
| | | | | | |
| | | | | | |
| | | | | | |

## 급수 시험 예상 문제

**1** 다음 글의 ( ) 안에 있는 한자의 읽는 소리를 쓰세요.

(1) 오(後) 2시에 친구와 놀이터에서 만나기로 했다.

(2) 나중에 (後)회하지 않도록 끝까지 도전할 것이다.

**2** 다음 밑줄 친 말에 해당하는 한자를 〈보기〉에서 찾아 그 번호를 쓰세요.

〈 보기 〉

① 後　　　② 前　　　③ 時　　　④ 間

(1) 밥을 먹고 30분 뒤에 약을 먹었다.

(2) 내 자리 뒤에는 전학 온 친구가 앉았다.

**3** 다음 한자의 진하게 표시한 획은 몇 번째 쓰는지 〈보기〉에서 찾아 그 번호를 쓰세요.

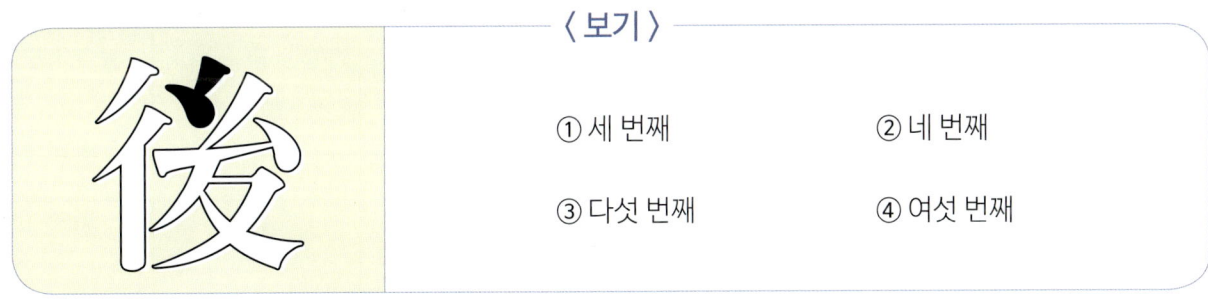

〈 보기 〉

① 세 번째　　　② 네 번째

③ 다섯 번째　　④ 여섯 번째

## 한자로 배우는 교과서 필수 어휘

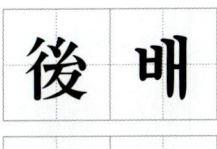

- 뜻: 같은 학교를 나중에 나온(졸업한) 사람
- 예문: 아버지는 길에서 우연히 대학 후배를 만났다.

- 뜻: 먼저와 나중, 앞뒤
- 예문: 일에는 중요도에 따라 선후가 있다.

# 時

**때 시**

- 뜻 → 때
- 소리 → 시
- 부수 → 日
- 쓰기 순서 → 丨 → 冂 → 日 → 日 → 旷 → 旷 → 旷 → 旷 → 時 → 時

## 한자 공부 6일
時 / 間

뜻을 나타내는 日(날 일)과 소리를 나타내는 寺(관청 시)로 이루어진 글자로, '때'나 '기한'을 뜻합니다.

한자를 따라 써 보고, 한자의 뜻에 해당하는 그림을 색칠해 보세요.

| 時 | 時 | 時 | 時 | 時 | 時 |
|---|---|---|---|---|---|
| 때 시 | 때 시 | 때 시 | 때 시 | 때 시 | 때 시 |
|  |  |  |  |  |  |
|  |  |  |  |  |  |
|  |  |  |  |  |  |

공부한 날 ○월 ○일　　　　　　　정답 114쪽

 **급수 시험 예상 문제**

❶ 다음 글의 ( ) 안에 있는 한자의 읽는 소리를 쓰세요.

(1) 나는 아침 7(**時**)쯤 일어난다.

(2) 나는 주로 그림을 그리면서 (**時**)간을 보낸다.

❷ 다음 밑줄 친 말에 해당하는 한자를 〈보기〉에서 찾아 그 번호를 쓰세요.

〈 보기 〉
① 間　　　② 不　　　③ 時　　　④ 後

(1) 밥<u>때</u>가 되었는지 배에서 꼬르륵 소리가 났다.

(2) 방학 <u>때</u> 친구와 박물관을 방문하고 싶다.

❸ 다음 한자의 진하게 표시한 획은 몇 번째 쓰는지 〈보기〉에서 찾아 그 번호를 쓰세요.

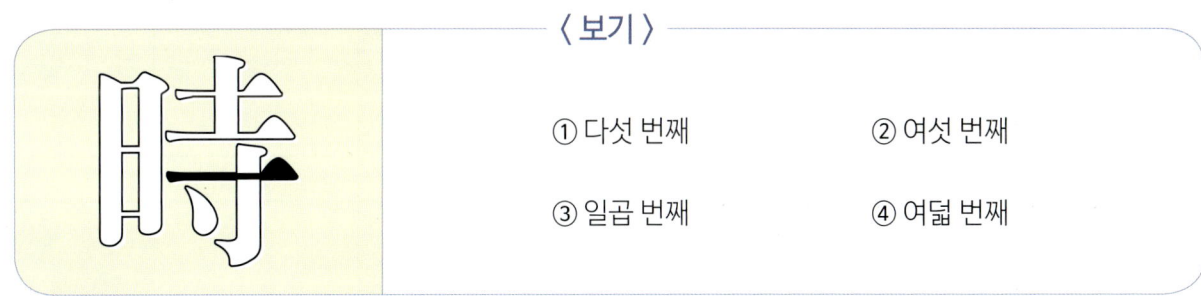

〈 보기 〉
① 다섯 번째　　② 여섯 번째
③ 일곱 번째　　④ 여덟 번째

 **한자로 배우는 교과서 필수 어휘**

| 時 각 |
|---|

- 뜻: 시간의 어느 한 시점
- 예문: 많은 사람들이 해 뜨는 시각에 맞추어 동해로 출발했다.

| 동 時 |
|---|

- 뜻: 같은 때나 시기
- 예문: 벨이 울림과 동시에 선생님이 들어오셨다.

한자 공부 6일 차 · 33

# 間

**사이 간**

- 뜻 … 사이
- 소리 … 간
- 부수 … 門
- 쓰기 순서 … 丨▸丨▸丨▸㇑▸㇑▸門▸門▸門▸門▸間▸間▸間

### 한자 공부 6일
## 時 / 間

日(해 일)로 형태가 변화한 月(달 월)과 門(문 문)이 합쳐져 문 사이로 비치는 달빛을 나타낸 한자입니다. 그래서 **'사이'**나 **'틈'**을 뜻합니다.

한자를 따라 써 보고, 한자의 뜻에 해당하는 그림을 색칠해 보세요.

| 間 | 間 | 間 | 間 | 間 | 間 |
|---|---|---|---|---|---|
| 사이 간 | 사이 간 | 사이 간 | 사이 간 | 사이 간 | 사이 간 |
|  |  |  |  |  |  |
|  |  |  |  |  |  |
|  |  |  |  |  |  |
|  |  |  |  |  |  |

공부한 날 ○월 ○일

정답 114쪽

## 급수 시험 예상 문제

**1** 다음 글의 ( ) 안에 있는 한자의 읽는 소리를 쓰세요.

(1) 식당에서 옆 사람과 (間)격을 넓혀 앉았다.

(2) 연예인을 보는 순(間) 나는 당황하여 어쩔 줄을 몰랐다.

**2** 다음 밑줄 친 말에 해당하는 한자를 〈보기〉에서 찾아 그 번호를 쓰세요.

〈 보기 〉

① 時　　　② 不　　　③ 安　　　④ 間

(1) 1교시와 2교시 사이에 잠깐 옆 반 친구를 만나고 왔다.

(2) 다람쥐가 나무 틈에 숨었다.

**3** 다음 한자의 진하게 표시한 획은 몇 번째 쓰는지 〈보기〉에서 찾아 그 번호를 쓰세요.

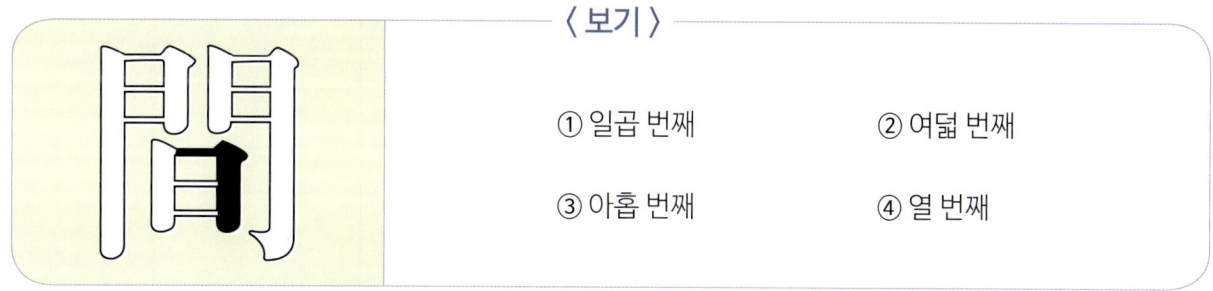

〈 보기 〉

① 일곱 번째　　② 여덟 번째

③ 아홉 번째　　④ 열 번째

## 한자로 배우는 교과서 필수 어휘

| 間 | 혹 |
|---|---|

- 뜻: 어쩌다가 한 번씩
- 예문: 나는 이사 간 친구가 간혹 생각난다.

| 당 | 분 | 間 |
|---|---|---|

- 뜻: 앞으로 얼마간. 또는 잠시 동안
- 예문: 나는 당분간 영어 학원을 쉬기로 했다.

## 한자 공부 7일 — 不 / 安

**아닐 불(부)**

- 뜻 …▶ 아닐
- 소리 …▶ 불(부)
- 부수 …▶ 一
- 쓰기 순서 …▶ 一 ㄱ 不 不

씨앗이 땅속에 뿌리를 내린 모습을 나타냅니다. 씨앗이 아직 싹을 틔우지 못했기 때문에 '아니다', '못하다'를 뜻합니다.

한자를 따라 써 보고, 한자의 뜻에 해당하는 그림을 색칠해 보세요.

| 不 | 不 | 不 | 不 | 不 | 不 |
|---|---|---|---|---|---|
| 아닐 불(부) | 아닐 불(부) | 아닐 불(부) | 아닐 불(부) | 아닐 불(부) | 아닐 불(부) |
|  |  |  |  |  |  |
|  |  |  |  |  |  |
|  |  |  |  |  |  |
|  |  |  |  |  |  |

공부한 날 ◯월 ◯일

정답 115쪽

 급수 시험 예상 문제

❶ 다음 글의 ( ) 안에 있는 한자의 읽는 소리를 쓰세요.

(1) 평등의 반대는 (不)평등이다.

(2) 숙제를 다 하지 못하여 어머니께 꾸중을 들을까 봐 (不)안했다.

❷ 다음 밑줄 친 말에 해당하는 한자를 〈보기〉에서 찾아 그 번호를 쓰세요.

〈 보기 〉

①間　　　②江　　　③安　　　④不

(1) 아니 땐 굴뚝에 연기날까?

(2) 성실하지 않으면 훌륭한 사람이 될 수 없다.

❸ 다음 한자의 진하게 표시한 획은 몇 번째 쓰는지 〈보기〉에서 찾아 그 번호를 쓰세요.

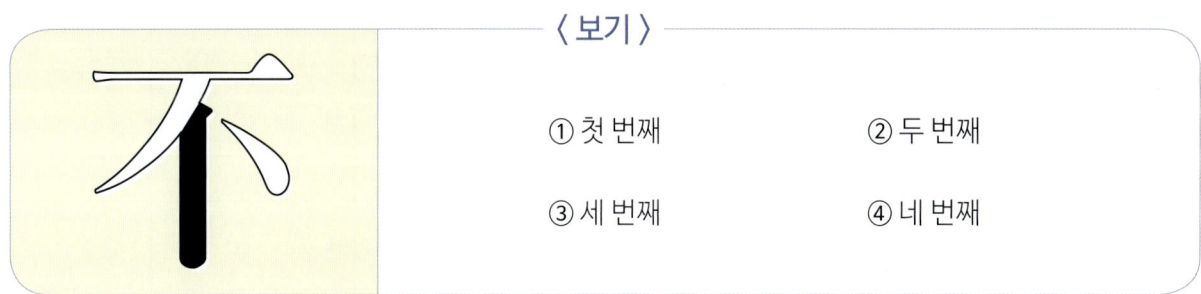

〈 보기 〉

① 첫 번째　　② 두 번째

③ 세 번째　　④ 네 번째

 한자로 배우는 교과서 필수 어휘

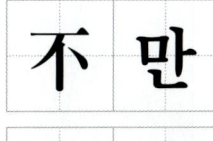

뜻 마음에 흡족하지 않음.
예문 동생은 무슨 불만이 있는지 하루 종일 시무룩해 있었다.

뜻 뜻하지 아니한 때
예문 불시에 내린 소나기로 옷이 모두 젖었다.

# 安

**편안 안**

- 뜻 … 편안
- 소리 … 안
- 부수 … 宀
- 쓰기 순서 … 丶 丷 宀 宊 安 安

**한자 공부 7일**
**不 / 安**

宀(집 면)과 女(여자 녀(여))가 합쳐져 여자가 집에 고요히 앉아 있는 모습을 나타냅니다. 그래서 '편안하다'나 '안정적이다'라는 뜻으로 쓰이고 있습니다.

한자를 따라 써 보고, 한자의 뜻에 해당하는 그림을 색칠해 보세요.

| 安 | 安 | 安 | 安 | 安 | 安 |
|---|---|---|---|---|---|
| 편안 **안** | 편안 안 | 편안 안 | 편안 안 | 편안 안 | 편안 안 |
|  |  |  |  |  |  |
|  |  |  |  |  |  |
|  |  |  |  |  |  |

38 · 참 쉬운 급수 한자 7급 II

공부한 날 ◯월 ◯일                                                                 정답 115쪽

## 💡 급수 시험 예상 문제

**1** 다음 글의 ( ) 안에 있는 한자의 읽는 소리를 쓰세요.

(1) 차를 탈 때에는 (**安**)전벨트를 꼭 매어야 한다.

(2) 어머니는 무사히 돌아온 우리를 보고 (**安**)심하셨다.

**2** 다음 밑줄 친 말에 해당하는 한자를 〈보기〉에서 찾아 그 번호를 쓰세요.

〈 보기 〉
① 安        ② 不        ③ 江        ④ 海

(1) 편안한 휴식은 열심히 공부를 하기 위한 준비이다.

(2) 아픈 어머니께서 안정을 취하도록 조용히 했다.

**3** 다음 한자의 진하게 표시한 획은 몇 번째 쓰는지 〈보기〉에서 찾아 그 번호를 쓰세요.

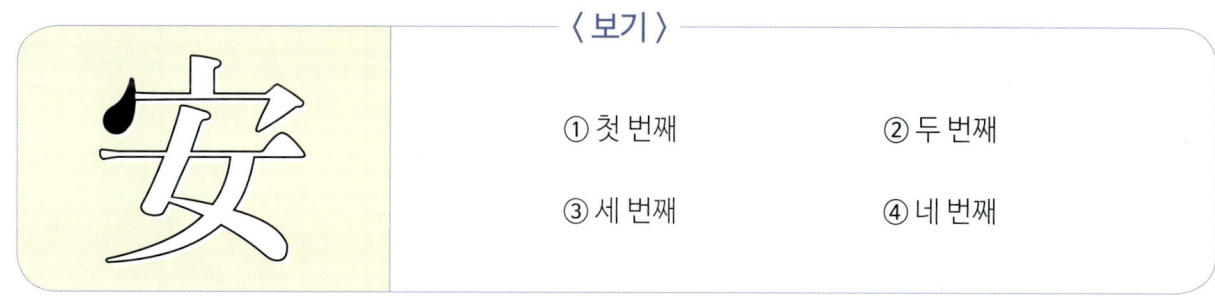

〈 보기 〉
① 첫 번째        ② 두 번째
③ 세 번째        ④ 네 번째

## 💡 한자로 배우는 교과서 필수 어휘

| 安 | 부 |
|---|---|
| 위 | 安 |

뜻 어떤 사람이 편안하게 잘 지내고 있는지 그렇지 아니한지에 대한 소식
예문 오랜만에 만난 삼촌에게 안부를 물었다.

뜻 위로하여 마음을 편안하게 함.
예문 친구의 성공이 시험을 앞둔 나에게 위안이 되었다.

한자 공부 7일 차 • 39

# 한자 공부 8일
## 江 / 海

## 江 강강

- 뜻 … 강
- 소리 … 강
- 부수 … 水
- 쓰기 순서 … 丶 丶 氵 氵 江 江

뜻을 나타내는 氵(물 수(水))와 소리를 나타내는 工(장인 공 → 강)이 합쳐져 **'큰 시내'**, **'강'**을 뜻합니다.

한자를 따라 써 보고, 한자의 뜻에 해당하는 그림을 색칠해 보세요.

| 江 | 江 | 江 | 江 | 江 | 江 |
|---|---|---|---|---|---|
| 강 강 | 강 강 | 강 강 | 강 강 | 강 강 | 강 강 |
| | | | | | |
| | | | | | |
| | | | | | |

40 • 참 쉬운 급수 한자 7급 Ⅱ

### 급수 시험 예상 문제

**1** 다음 글의 ( ) 안에 있는 한자의 읽는 소리를 쓰세요.

(1) 우리나라의 젖줄인 한(江)은 서울을 거쳐 서해로 흘러간다.

(2) 친구는 다음 주에 (江)남으로 이사를 간다.

**2** 다음 밑줄 친 말에 해당하는 한자를 〈보기〉에서 찾아 그 번호를 쓰세요.

〈 보기 〉

① 安    ② 江    ③ 食    ④ 海

(1) 우리나라에서 가장 긴 강은 압록강이다.

(2) 비가 내려 강에는 평소보다 더 많은 물이 흐른다.

**3** 다음 한자의 진하게 표시한 획은 몇 번째 쓰는지 〈보기〉에서 찾아 그 번호를 쓰세요.

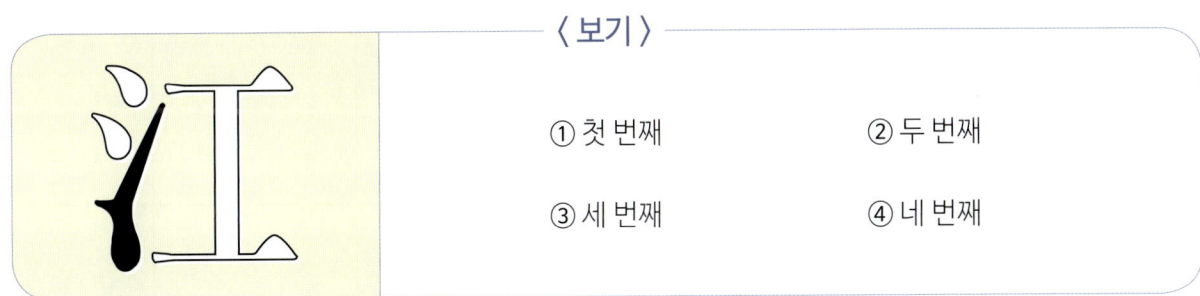

〈 보기 〉

① 첫 번째    ② 두 번째

③ 세 번째    ④ 네 번째

### 한자로 배우는 교과서 필수 어휘

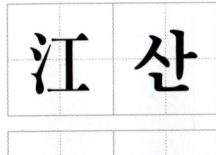

| 江 | 山 |

- 뜻: 강과 산. 자연환경
- 예문: 우리의 아름다운 강산을 후손에게 물려주어야 한다.

| 江 | 촌 |

- 뜻: 강가에 있는 마을
- 예문: 할아버지와 할머니는 조용한 강촌에 살고 계신다.

한자 공부 8일 차 · 41

| 뜻 | 바다 |
|---|---|
| 소리 | 해 |
| 부수 | 水 |
| 쓰기 순서 | 丶 丶 氵 氵 汇 汇 海 海 海 海 |

**바다 해**

한자 공부 8일
江 / 海

水(물 수) + 每(매양 매 : '어둡다'의 의미로 쓰임)

옛날 사람들이 보던 바다는 크고 어두운 것이었기 때문에 每가 '어둡다'라는 의미와 함께 소리(매→해)를 나타내는 것으로 '바다'를 뜻합니다.

한자를 따라 써 보고, 한자의 뜻에 해당하는 그림을 색칠해 보세요.

| 바다 해 | 바다 해 | 바다 해 | 바다 해 | 바다 해 | 바다 해 |
|---|---|---|---|---|---|
| | | | | | |
| | | | | | |
| | | | | | |

급수 시험 예상 문제

**1** 다음 글의 (　) 안에 있는 한자의 읽는 소리를 쓰세요.

(1) (海)양에는 다양한 생물들이 살고 있다.

(2) 이 제품은 (海)외에서 인기가 많다.

**2** 다음 밑줄 친 말에 해당하는 한자를 〈보기〉에서 찾아 그 번호를 쓰세요.

〈 보기 〉

① 事　　　② 江　　　③ 海　　　④ 食

(1) 우리 마을은 바다와 가깝다.

(2) 아빠는 민물낚시보다는 바다낚시를 더 좋아하신다.

**3** 다음 한자의 진하게 표시한 획은 몇 번째 쓰는지 〈보기〉에서 찾아 그 번호를 쓰세요.

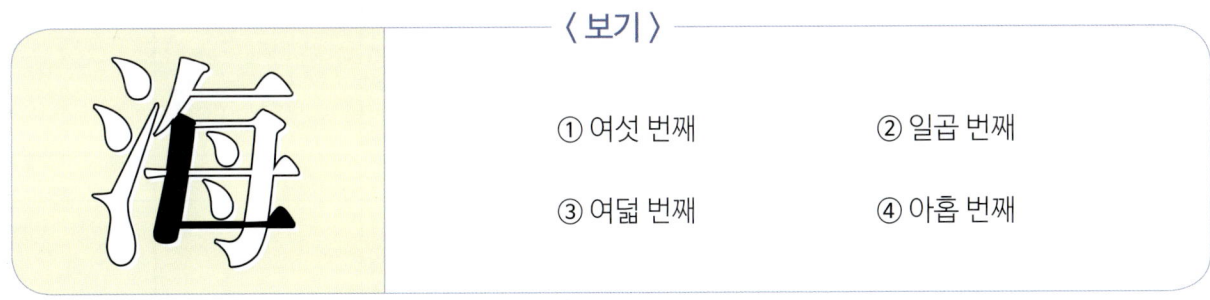

〈 보기 〉

① 여섯 번째　　② 일곱 번째

③ 여덟 번째　　④ 아홉 번째

 한자로 배우는 교과서 필수 어휘

 뜻　바다의 위
 예문　해상에서 유조선이 암초와 충돌하여 바다를 오염시켰다.

 뜻　물고기·조개·미역처럼 바다에서 나는 먹을거리
 예문　어머니는 고기보다 해산물을 더 좋아하신다.

## 한자 공부 9일 — 食 / 事

食
밥 / 먹을 식

- 뜻 … 밥, 먹을
- 소리 … 식
- 부수 … 食
- 쓰기 순서 … ノ 人 人 今 今 今 飠 食 食

음식을 담는 식기를 그린 것으로, '밥'이나 '먹다'를 뜻합니다.

한자를 따라 써 보고, 한자의 뜻에 해당하는 그림을 색칠해 보세요.

| 食 | 食 | 食 | 食 | 食 | 食 |
|---|---|---|---|---|---|
| 밥/먹을 식 | 밥/먹을 식 | 밥/먹을 식 | 밥/먹을 식 | 밥/먹을 식 | 밥/먹을 식 |
|  |  |  |  |  |  |
|  |  |  |  |  |  |
|  |  |  |  |  |  |

💡 **급수 시험 예상 문제**

**1** 다음 글의 ( ) 안에 있는 한자의 읽는 소리를 쓰세요.

(1) 금강산도 (食)후경이라는 속담이 있다.

(2) 식사를 할 때는 편(食)을 하지 말고 골고루 먹어야 한다.

**2** 다음 밑줄 친 말에 해당하는 한자를 〈보기〉에서 찾아 그 번호를 쓰세요.

〈 보기 〉

① 事　　　② 活　　　③ 海　　　④ 食

(1) 어머니께서 정성껏 싸 준 도시락을 친구들과 나누어 먹었다.

(2) 할머니는 항상 밥을 천천히 먹으라고 당부하신다.

**3** 다음 한자의 진하게 표시한 획은 몇 번째 쓰는지 〈보기〉에서 찾아 그 번호를 쓰세요.

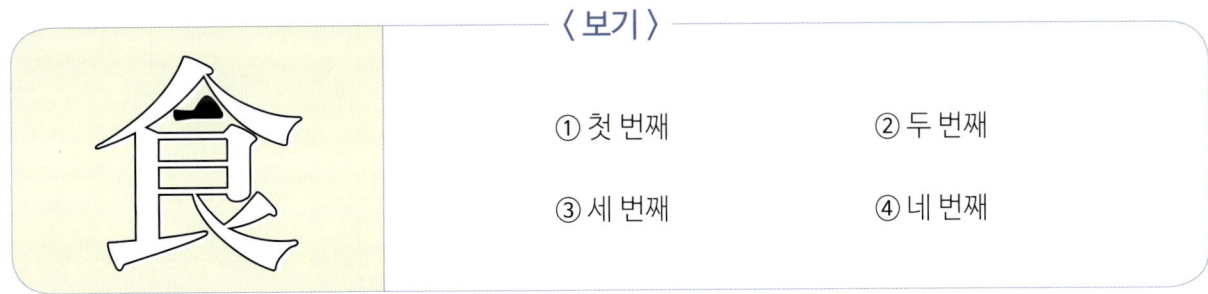

〈 보기 〉

① 첫 번째　　② 두 번째
③ 세 번째　　④ 네 번째

💡 **한자로 배우는 교과서 필수 어휘**

🔵 뜻　식사 뒤에 먹는, 과일이나 아이스크림 따위의 간단한 음식
🔵 예문　식사를 하고 후식으로 아이스크림을 먹었다.

🔵 뜻　음식을 차려 놓고 둘러앉아 먹게 만든 탁자
🔵 예문　이사를 하면서 어머니는 새 식탁을 구입하셨다.

한자 공부 9일 차 • 45

## 한자 공부 9일
### 食 / 事

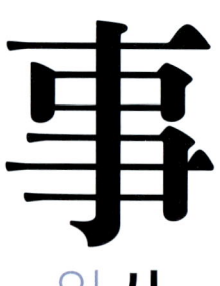

**事** 일 사

- 뜻 ⋯▶ 일
- 소리 ⋯▶ 사
- 부수 ⋯▶ 亅
- 쓰기 순서 ⋯▶ 一▸⼅▸丆▸亖▸冃▸⾷▸⾷▸事

제사를 지내고 점을 치는 주술 도구를 손에 쥔 모습을 그린 것입니다. 후에 글자가 분화되면서 事는 '**일**'이나 '**직업**'이라는 뜻을 갖게 되었습니다.

한자를 따라 써 보고, 한자의 뜻에 해당하는 그림을 색칠해 보세요.

| 事 | 事 | 事 | 事 | 事 | 事 |
|---|---|---|---|---|---|
| 일 사 | 일 사 | 일 사 | 일 사 | 일 사 | 일 사 |
|  |  |  |  |  |  |
|  |  |  |  |  |  |
|  |  |  |  |  |  |
|  |  |  |  |  |  |

공부한 날 ○월 ○일

정답 115쪽

## 급수 시험 예상 문제

**1** 다음 글의 (    ) 안에 있는 한자의 읽는 소리를 쓰세요.

(1) 교통 법규를 지켜야 교통(事)고를 예방할 수 있다.

(2) 아버지는 신문에 기(事)를 쓰는 기자이시다.

**2** 다음 밑줄 친 말에 해당하는 한자를 〈보기〉에서 찾아 그 번호를 쓰세요.

〈 보기 〉

① 事    ② 活    ③ 動    ④ 食

(1) 집안<u>일</u>은 가족이 나누어서 해야 한다.

(2) 오늘 해야 할 <u>일</u>을 내일로 미루지 말자.

**3** 다음 한자의 진하게 표시한 획은 몇 번째 쓰는지 〈보기〉에서 찾아 그 번호를 쓰세요.

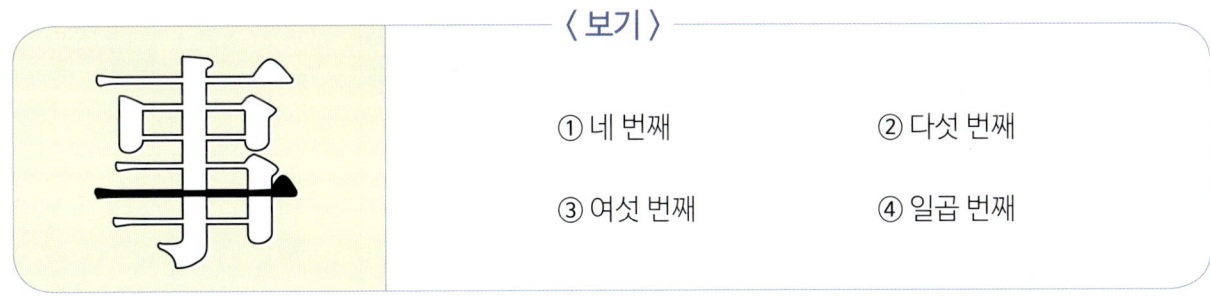

〈 보기 〉

① 네 번째    ② 다섯 번째

③ 여섯 번째    ④ 일곱 번째

## 한자로 배우는 교과서 필수 어휘

뜻  세상의 온갖 것
예문  망원경은 멀리 있는 사물을 뚜렷이 볼 수 있다.

| 事 | 事 | 건 | 건 |

뜻  온갖 일. 온갖 일마다
예문  친구는 사사건건 나의 일에 간섭을 했다.

# 한자 공부 10일 活 / 動

## 活 살 활

- 뜻 → 살
- 소리 → 활
- 부수 → 水
- 쓰기 순서 →
  汗 → 活 → 活

氵(물 수(水))와 舌(혀 설)이 합쳐져 '**살아 있다**'를 뜻합니다. 혀에 침이 고이는 것은 살아 있다는 증거이기 때문입니다.

한자를 따라 써 보고, 한자의 뜻에 해당하는 그림을 색칠해 보세요.

| 活 | 活 | 活 | 活 | 活 | 活 |
|---|---|---|---|---|---|
| 살 활 | 살 활 | 살 활 | 살 활 | 살 활 | 살 활 |
|  |  |  |  |  |  |
|  |  |  |  |  |  |
|  |  |  |  |  |  |
|  |  |  |  |  |  |

공부한 날 ◯월 ◯일    정답 115쪽

## 급수 시험 예상 문제

**1** 다음 글의 ( ) 안에 있는 한자의 읽는 소리를 쓰세요.

(1) 햇볕이 강한 여름철에는 바깥 (活)동을 자제해야 한다.

(2) 놀이터에는 (活)기차게 뛰어노는 아이들이 가득 있었다.

**2** 다음 밑줄 친 말에 해당하는 한자를 〈보기〉에서 찾아 그 번호를 쓰세요.

〈 보기 〉

① 動        ② 活        ③ 姓        ④ 名

(1) 엄마와 수산 시장에서 살아 있는 생선을 보았다.

(2) 죽어 가는 강아지를 살리려고 동물 병원으로 데리고 갔다.

**3** 다음 한자의 진하게 표시한 획은 몇 번째 쓰는지 〈보기〉에서 찾아 그 번호를 쓰세요.

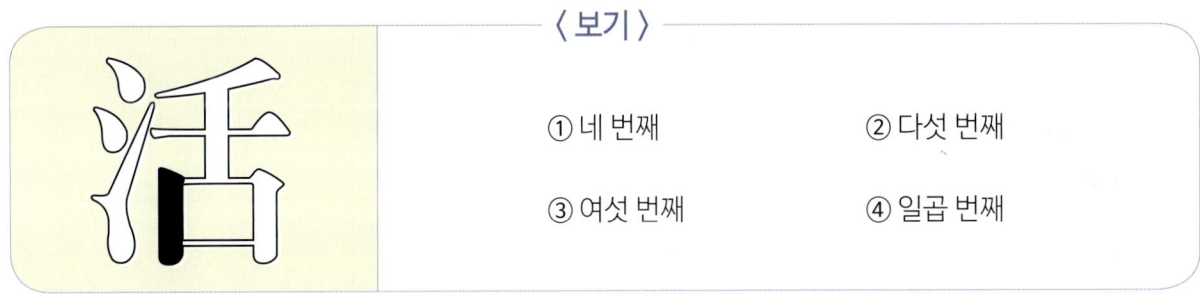

〈 보기 〉

① 네 번째        ② 다섯 번째

③ 여섯 번째      ④ 일곱 번째

 한자로 배우는 교과서 필수 어휘

| 活 | 동 |
|---|---|

뜻 몸을 움직여 행동함.
예문 친구는 활동적이라 운동을 좋아한다.

| 재 | 活 | 용 |
|---|---|---|

뜻 (이미 사용했던 물건을) 가공하여 다시 사용하는 것
예문 우리 아파트는 매주 수요일에 재활용 분리수거를 한다.

한자 공부 10일 차 • 49

# 動
## 움직일 동

- 뜻 … 움직일
- 소리 … 동
- 부수 … 力
- 쓰기 순서 … 一 ↠ ㄒ ↠ 亓 ↠ 盲 ↠ 盲 ↠ 盲 ↠ 甫 ↠ 重 ↠ 動 ↠ 動

**한자 공부 10일** 活 / 動

重(무거울 중)과 力(힘 력)이 합쳐져 '움직이다', '옮기다'를 뜻합니다. 무거운 것도 힘들여 들면 움직입니다.

한자를 따라 써 보고, 한자의 뜻에 해당하는 그림을 색칠해 보세요.

| 動 | 動 | 動 | 動 | 動 | 動 |
|---|---|---|---|---|---|
| 움직일 동 | 움직일 동 | 움직일 동 | 움직일 동 | 움직일 동 | 움직일 동 |
|  |  |  |  |  |  |
|  |  |  |  |  |  |
|  |  |  |  |  |  |

공부한 날 ○월 ○일　　　　　정답 115쪽

## 💡 급수 시험 예상 문제

**1** 다음 글의 ( ) 안에 있는 한자의 읽는 소리를 쓰세요.

(1) 생물은 크게 (**動**)물과 식물로 나눌 수 있다.

(2) 아버지는 새 자(**動**)차를 사셨다.

**2** 다음 밑줄 친 말에 해당하는 한자를 〈보기〉에서 찾아 그 번호를 쓰세요.

〈 보기 〉

① 名　　　② 自　　　③ 動　　　④ 姓

(1) 갓 태어난 강아지는 엄마 품에서 조금씩 <u>움직이기</u> 시작했다.

(2) 아이가 <u>움직이는</u> 장난감을 가지고 논다.

**3** 다음 한자의 진하게 표시한 획은 몇 번째 쓰는지 〈보기〉에서 찾아 그 번호를 쓰세요.

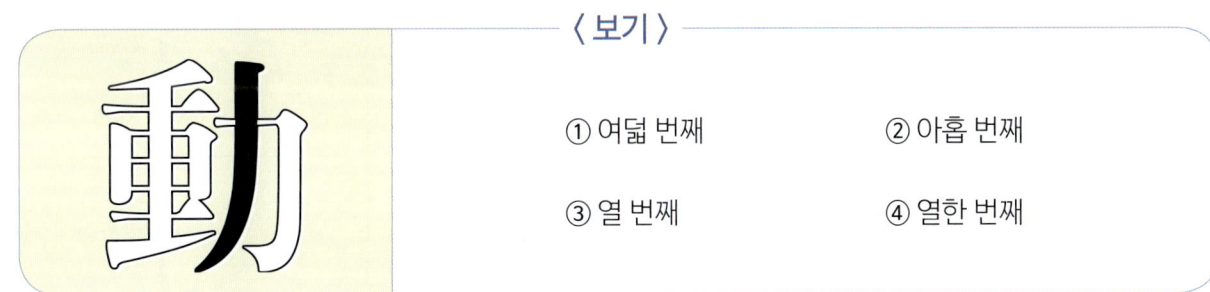

〈 보기 〉

① 여덟 번째　　② 아홉 번째

③ 열 번째　　　④ 열한 번째

## 💡 한자로 배우는 교과서 필수 어휘

- 뜻: 몸이나 손발 따위를 움직임.
- 예문: 원장 선생님은 태권도 동작 하나하나를 자세히 가르쳐 주셨다.

- 뜻: 크게 느끼어 마음이 움직임.
- 예문: 책에서 자기를 희생하며 남을 돕는 장면에서 감동을 받았다.

# 姓

성 성

- 뜻 … 성, 성씨
- 소리 … 성
- 부수 … 女
- 쓰기 순서 … 丿 › 𠃍 › 女 › 女 › 𡚸 › 姓 › 姓 › 姓

## 한자 공부 11일
### 姓 / 名

뜻을 나타내는 女(여자 녀(여))와 소리를 나타내는 生(날 생 → 성)이 합쳐져 '성', '성씨'를 뜻합니다.

한자를 따라 써 보고, 한자의 뜻에 해당하는 그림을 색칠해 보세요.

| 姓 | 姓 | 姓 | 姓 | 姓 | 姓 |
|---|---|---|---|---|---|
| 성 성 | 성 성 | 성 성 | 성 성 | 성 성 | 성 성 |
|  |  |  |  |  |  |
|  |  |  |  |  |  |
|  |  |  |  |  |  |
|  |  |  |  |  |  |

공부한 날 ◯월 ◯일

정답 115쪽

## 급수 시험 예상 문제

**1** 다음 글의 ( ) 안에 있는 한자의 읽는 소리를 쓰세요.

(1) 시험을 칠 때는 반드시 (姓)명을 적어야 한다.

(2) 백(姓)은 나라의 근본이다.

**2** 다음 밑줄 친 말에 해당하는 한자를 〈보기〉에서 찾아 그 번호를 쓰세요.

〈 보기 〉

① 動    ② 自    ③ 名    ④ 姓

(1) 우리나라에서 가장 많은 성씨는 김씨이다.       ※ 성씨: 성을 높여 부르는 말.

(2) 가끔 보기 드문 성을 가진 사람들이 있다.

**3** 다음 한자의 진하게 표시한 획은 몇 번째 쓰는지 〈보기〉에서 찾아 그 번호를 쓰세요.

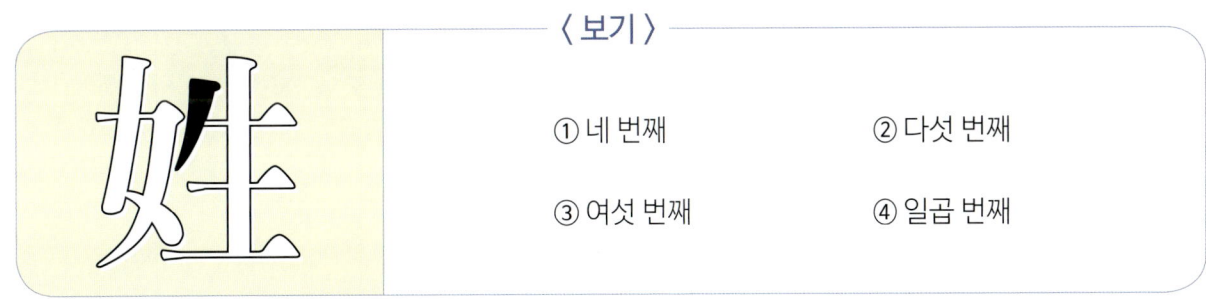

〈 보기 〉

① 네 번째        ② 다섯 번째

③ 여섯 번째      ④ 일곱 번째

## 한자로 배우는 교과서 필수 어휘

| 姓 | 名 |
|---|---|

 성과 이름을 아울러 이르는 말
 우리 반에는 성명이 두 자인 친구도 있다.

| 만 | 백 | 姓 |
|---|---|---|

 나라 안의 모든 백성
 세종대왕은 만백성을 아끼고 사랑하셨다.

# 名
**이름 명**

- 뜻 … 이름
- 소리 … 명
- 부수 … 口
- 쓰기 순서 … ノ · ク · 夕 · 夕 · 名 · 名

夕(저녁 석)과 口(입 구)가 합쳐져 '이름'을 뜻합니다. 어두운 저녁에는 잘 보이지 않으므로 저멀리 오는 사람이 누구인지 알기 위해서는 이름을 불러 보아야 합니다.

영희 철수 민지

한자를 따라 써 보고, 한자의 뜻에 해당하는 그림을 색칠해 보세요.

| 名 | 名 | 名 | 名 | 名 | 名 |
|---|---|---|---|---|---|
| 이름 명 | 이름 명 | 이름 명 | 이름 명 | 이름 명 | 이름 명 |
|  |  |  |  |  |  |
|  |  |  |  |  |  |
|  |  |  |  |  |  |
|  |  |  |  |  |  |
|  |  |  |  |  |  |

급수 시험 예상 문제

**1** 다음 글의 ( ) 안에 있는 한자의 읽는 소리를 쓰세요.

(1) 그는 (名)예를 중요시하는 사람이다.

(2) 내 친구는 키가 커서 키다리라는 별(名)을 얻었다.

**2** 다음 밑줄 친 말에 해당하는 한자를 〈보기〉에서 찾아 그 번호를 쓰세요.

〈 보기 〉

① 名　　② 自　　③ 力　　④ 姓

(1) 입학식 날 선생님께서 이름표를 가슴에 달아 주셨다.

(2) 모든 사람에게는 자신의 이름이 있다.

**3** 다음 한자의 진하게 표시한 획은 몇 번째 쓰는지 〈보기〉에서 찾아 그 번호를 쓰세요.

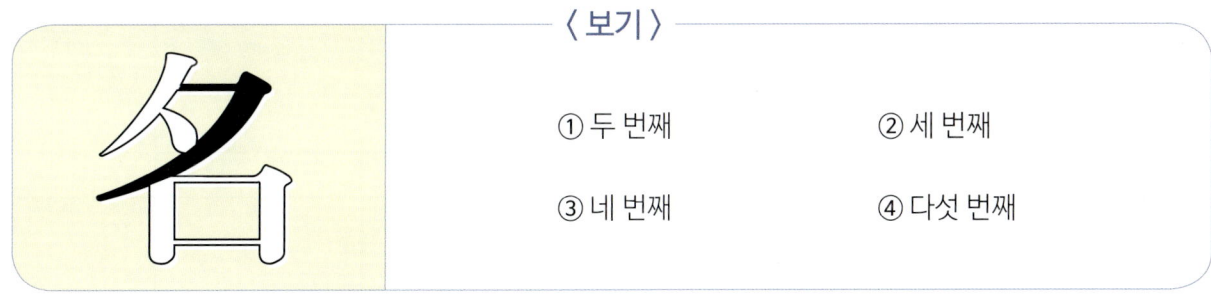

〈 보기 〉

① 두 번째　　② 세 번째

③ 네 번째　　④ 다섯 번째

 한자로 배우는 교과서 필수 어휘

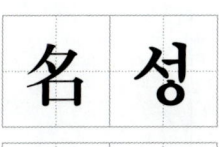

뜻   이름이 널리 알려지고 칭찬을 받는 것
예문  그는 바이올린으로 세계적인 명성을 날렸다.

뜻   이름이 널리 알려져 있음.
예문  TV에 나온 친구는 하루아침에 유명해졌다.

# 한자 공부 12일
## 自 / 力

**自**

스스로 **자**

- 뜻 ⋯ 스스로
- 소리 ⋯ 자
- 부수 ⋯ 自
- 쓰기 순서 ⋯ ノ 丨 亻 自 自 自

사람의 코의 모양을 본뜬 글자입니다. 코는 사람 얼굴의 중심이자 자신을 가리키는 위치이기도 합니다. 그래서 自는 점차 '자기'나 '스스로'라는 뜻을 갖게 되었습니다.

한자를 따라 써 보고, 한자의 뜻에 해당하는 그림을 색칠해 보세요.

| 自 | 自 | 自 | 自 | 自 | 自 |
|---|---|---|---|---|---|
| 스스로 자 | 스스로 자 | 스스로 자 | 스스로 자 | 스스로 자 | 스스로 자 |
|  |  |  |  |  |  |
|  |  |  |  |  |  |
|  |  |  |  |  |  |
|  |  |  |  |  |  |

공부한 날 ◯월 ◯일　　　　　　　　　　　　　　　　　　　　　　　　　정답 115쪽

 급수 시험 예상 문제

**1** 다음 글의 ( ) 안에 있는 한자의 읽는 소리를 쓰세요.

(1) 우리는 (自)연을 사랑하는 마음을 가져야 한다.

(2) 우리 형제는 각(自) 맡은 일을 열심히 하는 편이다.

**2** 다음 밑줄 친 말에 해당하는 한자를 〈보기〉에서 찾아 그 번호를 쓰세요.

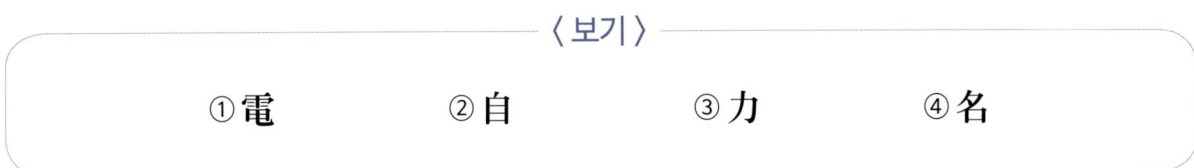

〈 보기 〉
① 電　　② 自　　③ 力　　④ 名

(1) 부모님의 도움 없이 <u>스스로</u> 공부하는 습관을 길러야 한다.

(2) <u>자기</u> 말만 하고 남의 말을 듣지 않는 사람은 훌륭한 사람이 될 수 없다.

**3** 다음 한자의 진하게 표시한 획은 몇 번째 쓰는지 〈보기〉에서 찾아 그 번호를 쓰세요.

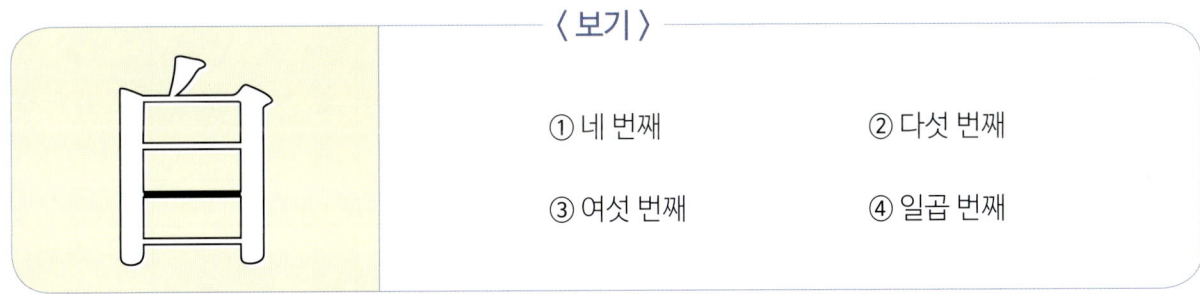

〈 보기 〉
① 네 번째　　② 다섯 번째
③ 여섯 번째　　④ 일곱 번째

 한자로 배우는 교과서 필수 어휘

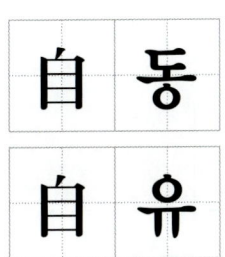

- 뜻: 기계·장치 등이 사람이 부리지 않아도 저절로 움직이는 것
- 예문: 병원의 출입문은 사람이 다가가면 <u>자동</u>으로 열린다.

- 뜻: 남에게 얽매이거나 무엇에 구속받지 않고 자기가 책임지고 자기 의사대로 행동하는 것
- 예문: 인간은 <u>자유</u>를 얻기 위해 오랜 세월 싸웠다.

한자 공부 12일 차 • 57

## 한자 공부 12일
## 自 / 力

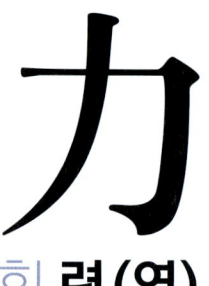

**力**
힘 력(역)

- 뜻 … 힘
- 소리 … 력(역)
- 부수 … 力
- 쓰기 순서 … ㄱ 力

밭을 가는 쟁기의 모습을 본뜬 글자로, '힘'이나 '힘쓰다'를 뜻합니다. 밭을 갈기 위해서는 힘이 필요합니다.

한자를 따라 써 보고, 한자의 뜻에 해당하는 그림을 색칠해 보세요.

| 力 | 力 | 力 | 力 | 力 | 力 |
|---|---|---|---|---|---|
| 힘 력(역) | 힘 력(역) | 힘 력(역) | 힘 력(역) | 힘 력(역) | 힘 력(역) |
|  |  |  |  |  |  |
|  |  |  |  |  |  |
|  |  |  |  |  |  |
|  |  |  |  |  |  |

 공부한 날 월 일

정답 115쪽

## 💡 급수 시험 예상 문제

**1** 다음 글의 ( ) 안에 있는 한자의 읽는 소리를 쓰세요.

(1) 노(力)을 하지 않고 좋은 결과만을 바라는 사람은 어리석다.

(2) 나는 우리 반에서 줄넘기 실(力)이 가장 뛰어나다.

**2** 다음 밑줄 친 말에 해당하는 한자를 〈보기〉에서 찾아 그 번호를 쓰세요.

〈 보기 〉

① 氣　　　　② 自　　　　③ 力　　　　④ 電

(1) 우리 팀은 온 힘을 다해 피구 경기에서 이겼다.

(2) 씨름은 힘보다는 기술을 쓰는 운동이다.

**3** 다음 한자의 진하게 표시한 획은 몇 번째 쓰는지 〈보기〉에서 찾아 그 번호를 쓰세요.

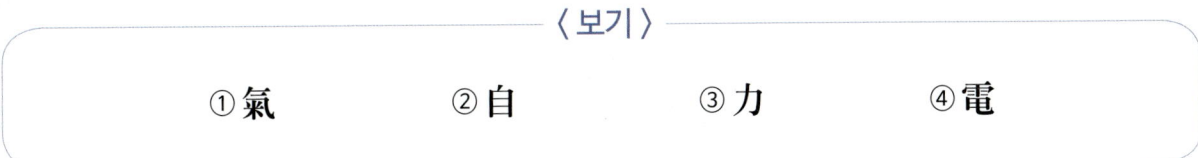

〈 보기 〉

① 첫 번째　　　　② 두 번째

## 💡 한자로 배우는 교과서 필수 어휘

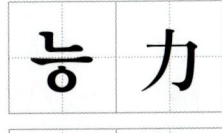

- 뜻: 일을 할 수 있는 힘이나 재주
- 예문: 우리는 능력을 키우기 위해 열심히 노력해야 한다.

- 뜻: 쇠막대 양쪽 끝에 무거운 추를 끼운 기구를 들어 올려 그 중량을 겨루는 경기
- 예문: 장미란은 올림픽에서 금메달을 획득한 역도 선수이다.

## 한자 공부 13일
## 電 / 氣

**電** 번개 전

- 뜻 … 번개
- 소리 … 전
- 부수 … 雨
- 쓰기 순서 … 一 ㄒ ㄧ ㄒ 雨 雨 雨 雨 雨 雷 雷 雷 電

雨(비 우 : 비 또는 비구름 모양)와 申(펼 신 : 번개 치는 모양)이 결합하여 비구름 사이로 나타나는 번갯불의 모습을 나타낸 글자로 '번개'나 '전기'를 뜻합니다.

한자를 따라 써 보고, 한자의 뜻에 해당하는 그림을 색칠해 보세요.

| 電 | 電 | 電 | 電 | 電 | 電 |
|---|---|---|---|---|---|
| 번개 전 | 번개 전 | 번개 전 | 번개 전 | 번개 전 | 번개 전 |
|  |  |  |  |  |  |
|  |  |  |  |  |  |
|  |  |  |  |  |  |

공부한 날 ○월 ○일

정답 116쪽

 **급수 시험 예상 문제**

❶ 다음 글의 ( ) 안에 있는 한자의 읽는 소리를 쓰세요.

(1) 휴대폰을 많이 이용하면서 집(電)화 사용량이 줄어들었다.

(2) 배터리가 부족하여 휴대폰 충(電)이 필요하다.

❷ 다음 밑줄 친 말에 해당하는 한자를 〈보기〉에서 찾아 그 번호를 쓰세요.

〈 보기 〉

① 氣　　② 車　　③ 力　　④ 電

(1) 번개와 천둥을 동반한 비가 내렸다.

(2) 전기가 없는 생활은 상상할 수 없다.

❸ 다음 한자의 진하게 표시한 획은 몇 번째 쓰는지 〈보기〉에서 찾아 그 번호를 쓰세요.

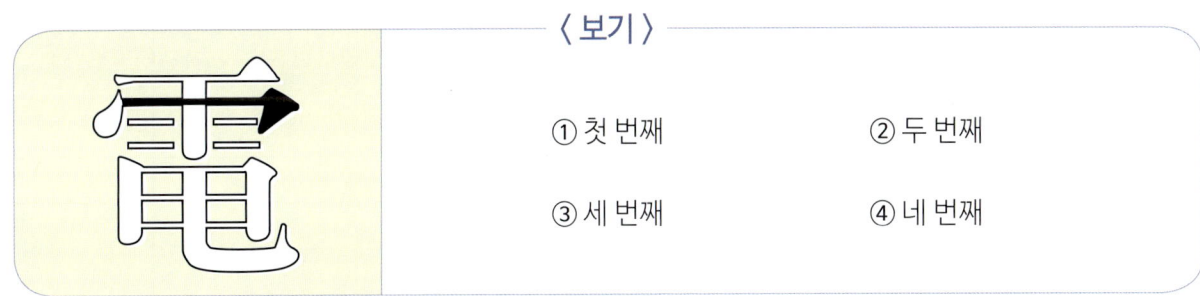

〈 보기 〉

① 첫 번째　　② 두 번째
③ 세 번째　　④ 네 번째

 **한자로 배우는 교과서 필수 어휘**

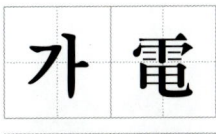
- 뜻: 가정에서 사용하는 세탁기, 냉장고, 텔레비전 따위의 전기 기기 제품
- 예문: 매년 더 좋은 가전제품이 생산된다.

정 電
- 뜻: 오던 전기가 끊어짐.
- 예문: 강한 태풍이 불어 우리 마을이 정전되었다.

한자 공부 13일 차 · 61

## 氣
### 기운 기

- 뜻 → 기운
- 소리 → 기
- 부수 → 气
- 쓰기 순서 → 丿, 厂, 仨, 气, 气, 気, 気, 氣, 氣, 氣

한자 공부 13일
電 / 氣

공기의 흐름이나 구름을 표현한 气(기운 기)와 米(쌀 미)가 합쳐져 밥을 지을 때 나는 '수증기'가 올라가는 모습을 표현한 것입니다. 气와 마찬가지로 '기운'이나 '기세'를 뜻합니다.

한자를 따라 써 보고, 한자의 뜻에 해당하는 그림을 색칠해 보세요.

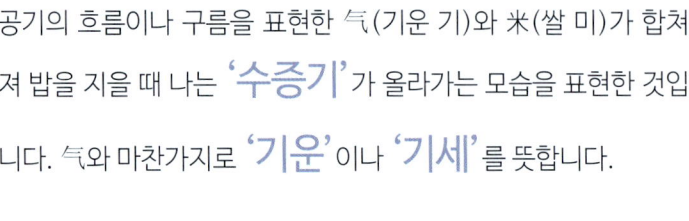

| 氣 | 氣 | 氣 | 氣 | 氣 | 氣 |
|---|---|---|---|---|---|
| 기운 기 | 기운 기 | 기운 기 | 기운 기 | 기운 기 | 기운 기 |
| | | | | | |
| | | | | | |
| | | | | | |
| | | | | | |
| | | | | | |

공부한 날 ◯월 ◯일　　　　　　　　　　　　　　　　정답 116쪽

 **급수 시험 예상 문제**

❶ 다음 글의 (　) 안에 있는 한자의 읽는 소리를 쓰세요.

(1) 오후에 비가 온다는 일(氣) 예보를 듣고 우산을 챙겨 등교하였다.

(2) 보고 싶은 친구를 만날 생각에 (氣)분이 좋았다.

❷ 다음 밑줄 친 말에 해당하는 한자를 〈보기〉에서 찾아 그 번호를 쓰세요.

〈 보기 〉

① 氣　　　② 車　　　③ 農　　　④ 電

(1) 몸살 기운이 있어 오늘은 좀 쉬어야겠다.

(2) '겁이 없는 씩씩하고 굳센 기운'을 용기라고 한다.

❸ 다음 한자의 진하게 표시한 획은 몇 번째 쓰는지 〈보기〉에서 찾아 그 번호를 쓰세요.

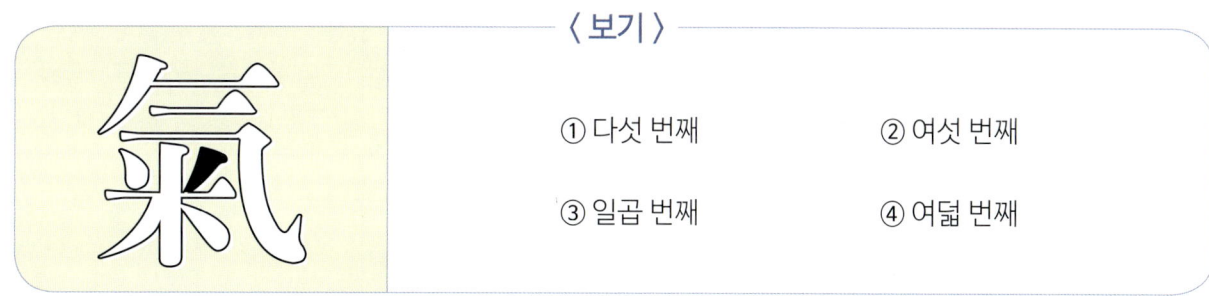

〈 보기 〉

① 다섯 번째　　② 여섯 번째

③ 일곱 번째　　④ 여덟 번째

 **한자로 배우는 교과서 필수 어휘**

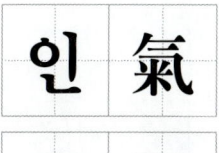

뜻　무엇에 대해 쏠리는, 많은 사람들의 관심이나 좋아하는 마음
예문　유머 감각이 뛰어난 사람은 어디서나 인기가 있다.

뜻　꽃, 향, 향수 따위에서 나는 좋은 냄새
예문　어머니는 커피 향기를 무척 좋아하신다.

## 한자 공부 14일 — 車 / 農

| 뜻 | 수레 |
|---|---|
| 소리 | 거/차 |
| 부수 | 車 |
| 쓰기 순서 | 一 ㄒ ㅋ 亘 亘 車 車 |

수레 거 / 수레 차

물건이나 사람을 싣고 다니던 '수레'의 모습을 그린 것입니다.

'거'로 발음하는 것은 드물지만 '자전거'에서 쓰임을 알 수 있습니다.

한자를 따라 써 보고, 한자의 뜻에 해당하는 그림을 색칠해 보세요.

| 車 | 車 | 車 | 車 | 車 | 車 |
|---|---|---|---|---|---|
| 수레 거 / 수레 차 | 수레 거 / 수레 차 | 수레 거 / 수레 차 | 수레 거 / 수레 차 | 수레 거 / 수레 차 | 수레 거 / 수레 차 |
|  |  |  |  |  |  |
|  |  |  |  |  |  |
|  |  |  |  |  |  |

공부한 날 ◯월 ◯일

정답 116쪽

## 급수 시험 예상 문제

**1** 다음 글의 ( ) 안에 있는 한자의 읽는 소리를 쓰세요.

(1) 공기를 오염시키지 않는 전기(車)가 도로를 달리기 시작했다.

(2) 차가 다니는 길을 (車)도, 사람이 다니는 길을 인도라고 한다.

**2** 다음 밑줄 친 말에 해당하는 한자를 〈보기〉에서 찾아 그 번호를 쓰세요.

〈 보기 〉

① 氣　　　② 車　　　③ 農　　　④ 場

(1) 자동차가 발명되기 전에는 수레가 운반 수단이었다.

(2) 폐지를 손수레에 가득 싣고 가는 할아버지를 도와드렸다.

**3** 다음 한자의 진하게 표시한 획은 몇 번째 쓰는지 〈보기〉에서 찾아 그 번호를 쓰세요.

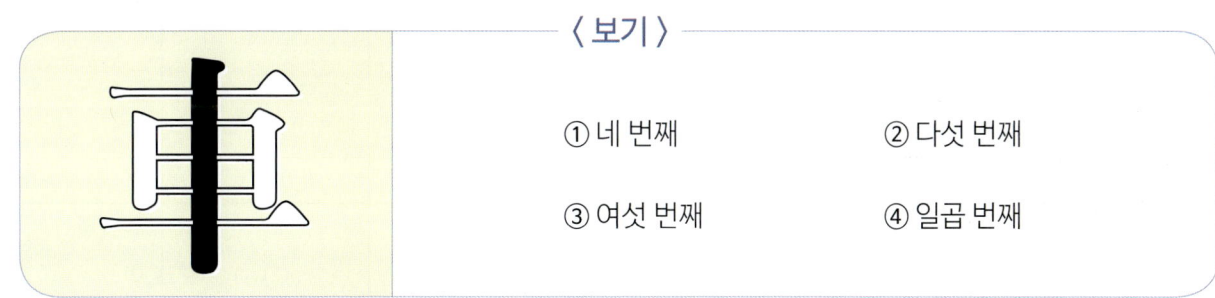

〈 보기 〉

① 네 번째　　　② 다섯 번째

③ 여섯 번째　　④ 일곱 번째

## 한자로 배우는 교과서 필수 어휘

- 뜻: 사람이 타고 앉아 두 다리의 힘으로 바퀴를 돌려서 가게 된 탈것
- 예문: 처음에는 세발자전거를 배우고 두발자전거로 옮겨 간다.

- 뜻: 차를 세워 두도록 마련한 곳
- 예문: 도로에 차를 세우기보다는 주차장을 이용해야 한다.

# 한자 공부 14일
## 車 / 農

農 농사 농

- 뜻 … 농사
- 소리 … 농
- 부수 … 辰
- 쓰기 순서 …

田(밭 전)을 변형한 曲(굽을 곡)과 辰(때 신)이 합쳐져 '농사'를 뜻합니다. 농사철에는 밭에 나가 농사를 짓습니다.

한자를 따라 써 보고, 한자의 뜻에 해당하는 그림을 색칠해 보세요.

| 農 농사 농 | 農 농사 농 | 農 농사 농 | 農 농사 농 | 農 농사 농 | 農 농사 농 |

급수 시험 예상 문제

❶ 다음 글의 ( ) 안에 있는 한자의 읽는 소리를 쓰세요.

(1) 추석에는 (農)촌에 살고 계시는 할아버지 댁을 방문한다.

(2) (農)업은 우리의 먹거리를 책임지는 산업이다.

❷ 다음 밑줄 친 말에 해당하는 한자를 〈보기〉에서 찾아 그 번호를 쓰세요.

〈 보기 〉

① 場　　　② 正　　　③ 農　　　④ 車

(1) 올해는 벼농사가 잘 되어 풍년이다.

(2) 주말농장에서 키운 상추를 옆집 아주머니께 나누어 드렸다.

❸ 다음 한자의 진하게 표시한 획은 몇 번째 쓰는지 〈보기〉에서 찾아 그 번호를 쓰세요.

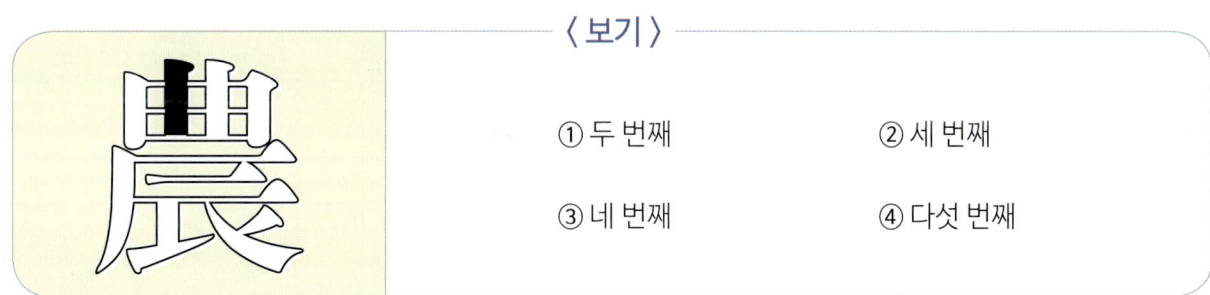

〈 보기 〉

① 두 번째　　　② 세 번째

③ 네 번째　　　④ 다섯 번째

 한자로 배우는 교과서 필수 어휘

 농사짓는 일을 직업으로 하는 사람
 삼촌은 시골에서 농사를 짓는 농부이시다.

 곡식·채소·과일과 같은, 농사를 지어 생산한 물건
 우리 몸에는 우리 땅에서 나는 농산물이 최고다.

# 場

**마당 장**

- 뜻 … 마당
- 소리 … 장
- 부수 … 土
- 쓰기 순서 … 一 ▸ 十 ▸ 土 ▸ 圠 ▸ 坦 ▸ 坦 ▸ 坦 ▸ 坦 ▸ 塌 ▸ 塌 ▸ 場 ▸ 場

### 한자 공부 15일
### 場 / 正

뜻을 나타내는 土(흙 토)와 소리를 나타내는 昜(볕 양 → 장)이 합쳐진 글자로, '마당'을 뜻합니다.

한자를 따라 써 보고, 한자의 뜻에 해당하는 그림을 색칠해 보세요.

| 場 | 場 | 場 | 場 | 場 | 場 |
|---|---|---|---|---|---|
| 마당 장 | 마당 장 | 마당 장 | 마당 장 | 마당 장 | 마당 장 |
|  |  |  |  |  |  |
|  |  |  |  |  |  |
|  |  |  |  |  |  |

공부한 날 ○월 ○일

정답 116쪽

### 급수 시험 예상 문제

**1** 다음 글의 ( ) 안에 있는 한자의 읽는 소리를 쓰세요.

(1) 아이들은 운동(場)에서 놀기를 좋아한다.

(2) 정류(場)에서 사람들이 질서를 지키며 버스를 기다린다.

**2** 다음 밑줄 친 말에 해당하는 한자를 〈보기〉에서 찾아 그 번호를 쓰세요.

〈 보기 〉

① 農　　　② 正　　　③ 道　　　④ 場

(1) 나는 마당이 있는 집에서 살고 싶다.

(2) 우리 가족은 주차할 장소를 찾지 못해 애를 먹었다.

**3** 다음 한자의 진하게 표시한 획은 몇 번째 쓰는지 〈보기〉에서 찾아 그 번호를 쓰세요.

〈 보기 〉

① 여덟 번째　　② 아홉 번째

③ 열 번째　　　④ 열한 번째

 한자로 배우는 교과서 필수 어휘

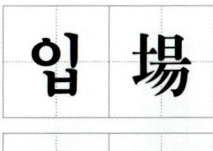
- 뜻: 지금 자기가 놓여 있는 처지나 개인의 사정
- 예문: 다툼이 있을 때는 상대방의 입장을 생각해 보아야 한다.

- 뜻: 물건을 파는 장소
- 예문: 백화점의 의류 매장에는 할인 행사가 열렸다.

한자 공부 15일 차 · 69

# 한자 공부 15일
## 場 / 正

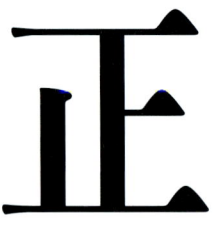

**바를 정**

- 뜻 … 바를
- 소리 … 정
- 부수 … 止
- 쓰기 순서 … 一 ▸ 丅 ▸ 下 ▸ 正 ▸ 正

성을 정복하러 가는 모습을 표현한 것입니다. 자신들이 적을 정벌하러 가는 것은 정당하다는 의미에서 '바르다'라는 뜻을 갖게 되었습니다.

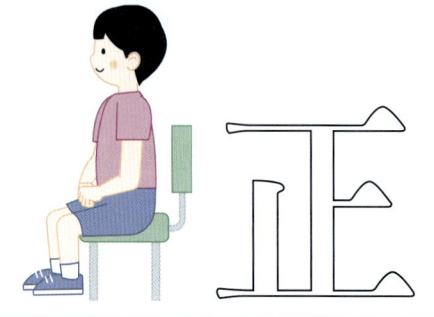

한자를 따라 써 보고, 한자의 뜻에 해당하는 그림을 색칠해 보세요.

| 正 | 正 | 正 | 正 | 正 | 正 |
|---|---|---|---|---|---|
| 바를 정 | 바를 정 | 바를 정 | 바를 정 | 바를 정 | 바를 정 |
|  |  |  |  |  |  |
|  |  |  |  |  |  |
|  |  |  |  |  |  |

급수 시험 예상 문제

**1** 다음 글의 ( ) 안에 있는 한자의 읽는 소리를 쓰세요.

(1) (正)직과 성실로 미래를 준비하는 어린이가 되자.

(2) 글을 읽고 물음에 맞는 (正)답을 쓰세요.

**2** 다음 밑줄 친 말에 해당하는 한자를 〈보기〉에서 찾아 그 번호를 쓰세요.

〈 보기 〉

① 正　　　② 道　　　③ 午　　　④ 場

(1) 어릴 때부터 올바른 식습관을 갖게 해 주어야 한다.

(2) 선생님께서는 바르게 앉아 있는 친구에게 발표 기회를 주었다.

**3** 다음 한자의 진하게 표시한 획은 몇 번째 쓰는지 〈보기〉에서 찾아 그 번호를 쓰세요.

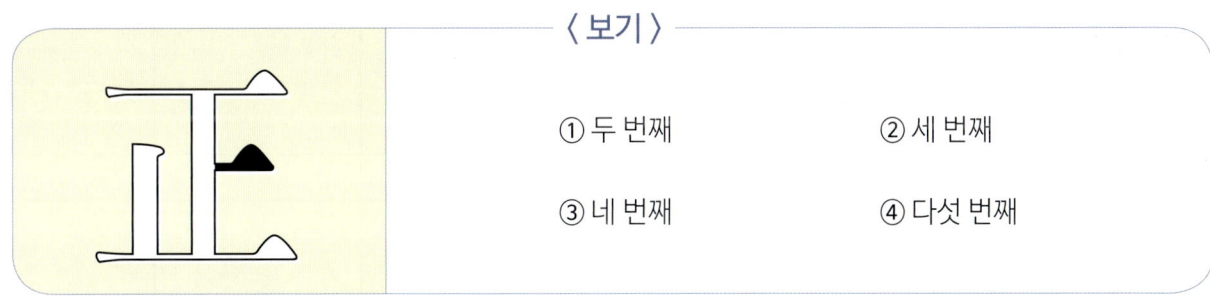

〈 보기 〉

① 두 번째　　　② 세 번째

③ 네 번째　　　④ 다섯 번째

 한자로 배우는 교과서 필수 어휘

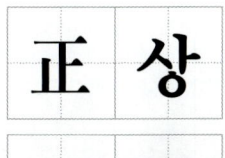

- 뜻: 아무런 탈이 없는 제대로인 상태
- 예문: 어지럼증을 느꼈던 할아버지께서 곧 정상으로 돌아오셨다.

- 뜻: 바르고 확실함.
- 예문: 답을 정확하게 쓴 사람만 점수를 받았다.

## 한자 공부 16일 — 午 / 道

午
낮 오

- 뜻 … 낮, 정오
- 소리 … 오
- 부수 … 十
- 쓰기 순서 … ノ 厂 仁 午

똑바로 세운 절굿공이의 모양을 본뜬 글자입니다. 옛날에는 절굿공이처럼 생긴 막대기를 꽂아 그림자를 보고 한낮임을 알았습니다. 그래서 '낮'이나 '정오'를 뜻합니다.

한자를 따라 써 보고, 한자의 뜻에 해당하는 그림을 색칠해 보세요.

| 午 | 午 | 午 | 午 | 午 | 午 |
|---|---|---|---|---|---|
| 낮 오 | 낮 오 | 낮 오 | 낮 오 | 낮 오 | 낮 오 |
|  |  |  |  |  |  |
|  |  |  |  |  |  |
|  |  |  |  |  |  |
|  |  |  |  |  |  |

공부한 날 ○월 ○일

정답 116쪽

### 급수 시험 예상 문제

**1** 다음 글의 ( ) 안에 있는 한자의 읽는 소리를 쓰세요.

(1) (午)후가 되니 졸려 찬물로 세수를 하였다.

(2) 단(午)는 우리나라 명절 중의 하나로, 부채를 선물하는 풍습이 있다.

**2** 다음 밑줄 친 말에 해당하는 한자를 〈보기〉에서 찾아 그 번호를 쓰세요.

〈 보기 〉
① 道    ② 午    ③ 市    ④ 正

(1) 낮잠을 잔 토끼는 부지런한 거북이에게 졌다.

(2) 낮 12시에는 점심시간을 알리는 음악이 흘러나온다.

**3** 다음 한자의 진하게 표시한 획은 몇 번째 쓰는지 〈보기〉에서 찾아 그 번호를 쓰세요.

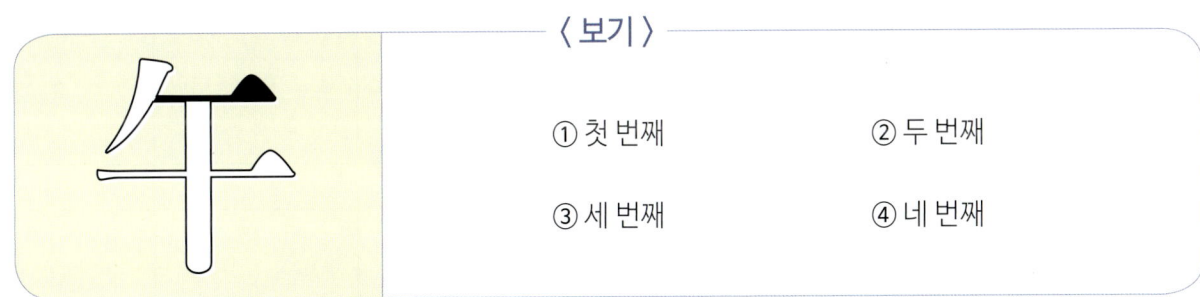

〈 보기 〉
① 첫 번째    ② 두 번째
③ 세 번째    ④ 네 번째

### 한자로 배우는 교과서 필수 어휘

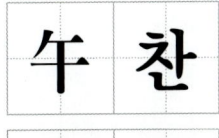

- 뜻: 손님을 초대하여 함께 먹는 점심 식사
- 예문: 아버지께서는 친구분을 초대하여 집에서 오찬을 즐기셨다.

- 뜻: 낮 열두 시
- 예문: 친구와 정오에 분수대 앞에서 만나기로 약속했다.

한자 공부 16일 차 · 73

# 道

**길 도**

- 뜻 ⋯ 길, 도리
- 소리 ⋯ 도
- 부수 ⋯ 辶
- 쓰기 순서 ⋯ 丶 丷 丷 丷 产 首 首 首 首 诣 诣 道 道

### 한자 공부 16일
### 午 / 道

辶(쉬엄쉬엄갈 착)과 首(머리 수)가 합쳐져 머리, 즉 사람이 다니는 '길'을 뜻합니다. 살아가면서 마땅히 해야 하는 '도리'를 뜻하기도 합니다.

한자를 따라 써 보고, 한자의 뜻에 해당하는 그림을 색칠해 보세요.

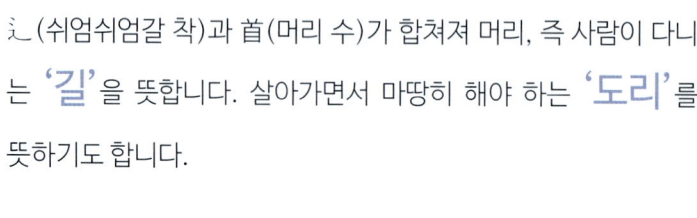

## 💡 급수 시험 예상 문제

**1** 다음 글의 ( ) 안에 있는 한자의 읽는 소리를 쓰세요.

(1) 경기(**道**)는 서울보다 인구가 더 많다.

(2) 경부 고속 (**道**)로는 서울과 부산을 연결하는 길이다.

**2** 다음 밑줄 친 말에 해당하는 한자를 〈보기〉에서 찾아 그 번호를 쓰세요.

〈 보기 〉

① 市　　　② 午　　　③ 道　　　④ 立

(1) 많은 사람들이 우리나라 축구 팀의 우승을 축하하기 위해 <u>거리</u>로 나왔다.

(2) 엄마와 함께 작은 오솔<u>길</u>을 걷다 다람쥐를 보았다.

**3** 다음 한자의 진하게 표시한 획은 몇 번째 쓰는지 〈보기〉에서 찾아 그 번호를 쓰세요.

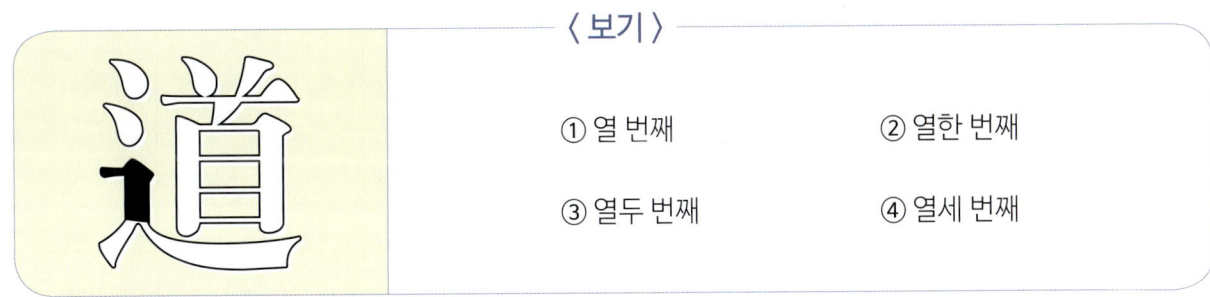

〈 보기 〉

① 열 번째　　② 열한 번째

③ 열두 번째　　④ 열세 번째

## 💡 한자로 배우는 교과서 필수 어휘

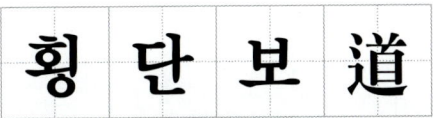

- 뜻: 사람이 안전하게 차도를 가로질러 건너갈 수 있도록 일정한 표시를 한 길
- 예문: 신호등을 잘 보고 횡단보도를 건너야 한다.

- 뜻: 어떤 말이나 행동이 옳은 것이 되도록 한 사회에 속한 사람들이 마땅히 지켜야 할 정신적 기준
- 예문: 이 책은 도덕적인 내용을 많이 담고 있다.

# 한자 공부 17일
## 市 / 立

市
저자 시

| 뜻 | 저자, 시장 |
| 소리 | 시 |
| 부수 | 巾 |
| 쓰기 순서 | 亠 广 市 |

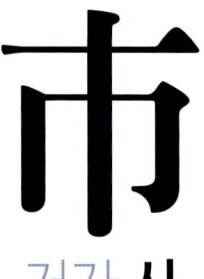

옷(巾(수건 건))을 차려 입고 장 보러 간다(之(갈 지))는 뜻을 합하여 '**시장**'을 뜻합니다. '저자'는 시장을 예스럽게 부르는 말입니다.

한자를 따라 써 보고, 한자의 뜻에 해당하는 그림을 색칠해 보세요.

| 市 | 市 | 市 | 市 | 市 | 市 |
|---|---|---|---|---|---|
| 저자 시 | 저자 시 | 저자 시 | 저자 시 | 저자 시 | 저자 시 |
| | | | | | |
| | | | | | |
| | | | | | |

공부한 날 ○월 ○일

정답 116쪽

## 급수 시험 예상 문제

**1** 다음 글의 ( ) 안에 있는 한자의 읽는 소리를 쓰세요.

(1) 우리들은 대형 할인 마트보다 재래(市)장에 다니는 것이 더 재미있었다.

(2) 많은 사람들이 고향으로 내려가는 추석에는 (市)내가 텅 빈다.

**2** 다음 밑줄 친 말에 해당하는 한자를 〈보기〉에서 찾아 그 번호를 쓰세요.

〈 보기 〉
① 立    ② 家    ③ 道    ④ 市

(1) 명절이 되면 저잣거리는 붐비기 마련이다.

(2) 우리 집 주변에는 수산물 시장이 있다.

**3** 다음 한자의 진하게 표시한 획은 몇 번째 쓰는지 〈보기〉에서 찾아 그 번호를 쓰세요.

〈 보기 〉
① 첫 번째    ② 두 번째
③ 세 번째    ④ 네 번째

 한자로 배우는 교과서 필수 어휘

| 도 | 市 |

뜻  정치·경제·문화에 관한 활동의 중심이 되며, 사람들이 많이 살고 여러 가지 시설이 모여 있는 곳
예문  사람들은 시골보다 도시에 많이 살고 있다.

| 市 | 민 |

뜻  시(市)에 사는 사람
예문  경찰관은 시민의 안전을 위하여 최선을 다한다.

한자 공부 17일 차 • 77

# 立
### 설 립(입)

| | |
|---|---|
| 뜻 | 설 |
| 소리 | 립(입) |
| 부수 | 立 |
| 쓰기 순서 | 丶 亠 ㅜ 立 立 |

한자 공부 17일
市 / 立

사람이 땅 위에 서 있는 모습을 본뜬 글자로, '서다', '세우다'를 뜻합니다. '立'이 앞에 나오면 '입'으로 읽습니다.

한자를 따라 써 보고, 한자의 뜻에 해당하는 그림을 색칠해 보세요.

| 立 | 立 | 立 | 立 | 立 | 立 |
|---|---|---|---|---|---|
| 설 립(입) | 설 립(입) | 설 립(입) | 설 립(입) | 설 립(입) | 설 립(입) |
| | | | | | |
| | | | | | |
| | | | | | |
| | | | | | |

공부한 날 ◯월 ◯일

정답 116쪽

 **급수 시험 예상 문제**

❶ 다음 글의 ( ) 안에 있는 한자의 읽는 소리를 쓰세요.

(1) 유관순 열사는 우리나라의 독(立)을 위해 힘썼습니다.

(2) 이번 태풍으로 다리가 끊어져 섬이 고(立)되었다.

❷ 다음 밑줄 친 말에 해당하는 한자를 〈보기〉에서 찾아 그 번호를 쓰세요.

〈 보기 〉

① 立      ② 家      ③ 內      ④ 市

(1) 체육 시간에 양팔 간격으로 줄을 섰다.

(2) 들판에 허수아비가 서 있다.

❸ 다음 한자의 진하게 표시한 획은 몇 번째 쓰는지 〈보기〉에서 찾아 그 번호를 쓰세요.

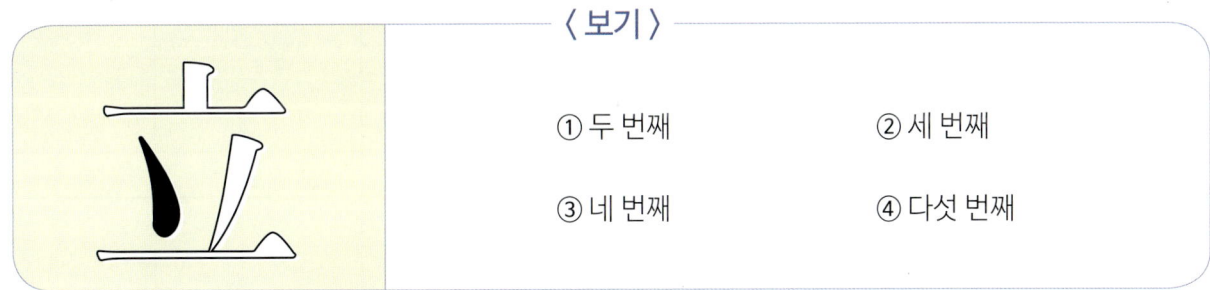

〈 보기 〉

① 두 번째      ② 세 번째

③ 네 번째      ④ 다섯 번째

 **한자로 배우는 교과서 필수 어휘**

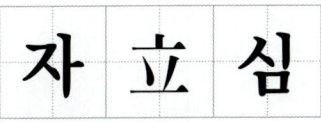

뜻: 남에게 의지하지 않고 자기 스스로 서려는 마음가짐
예문: 자립심을 키워 미래를 대비하자.

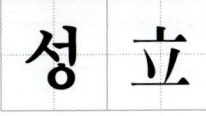

뜻: 일이나 사물 등이 이루어지는 것
예문: 그의 말은 횡설수설하여 논리가 성립하지 않았다.

# 한자 공부 18일

## 家 / 内

### 家 집 가

- 뜻 … 집, 가족
- 소리 … 가
- 부수 … 宀
- 쓰기 순서 … 丶 宀 宀 宁 宇 宇 宇 家 家 家

宀(집 면)과 豕(돼지 시)가 합쳐져 '집'이나 '가족'을 뜻합니다. 옛날에는 집에서 소나 돼지 같은 가축을 많이 키웠습니다.

한자를 따라 써 보고, 한자의 뜻에 해당하는 그림을 색칠해 보세요.

| 家 | 家 | 家 | 家 | 家 | 家 |
|---|---|---|---|---|---|
| 집 가 | 집 가 | 집 가 | 집 가 | 집 가 | 집 가 |
| | | | | | |
| | | | | | |
| | | | | | |
| | | | | | |

공부한 날 ○월 ○일    정답 116쪽

 **급수 시험 예상 문제**

**1** 다음 글의 ( ) 안에 있는 한자의 읽는 소리를 쓰세요.

(1) 행복한 (家)정에는 항상 웃음꽃이 피어난다.

(2) 언니의 꿈은 아이들을 위한 동화를 쓰는 작(家)이다.

**2** 다음 밑줄 친 말에 해당하는 한자를 〈보기〉에서 찾아 그 번호를 쓰세요.

〈 보기 〉
① 內    ② 家    ③ 工    ④ 立

(1) 우리 집은 오순도순 행복하게 산다.

(2) 홍수로 많은 사람이 집과 재산을 잃었다.

**3** 다음 한자의 진하게 표시한 획은 몇 번째 쓰는지 〈보기〉에서 찾아 그 번호를 쓰세요.

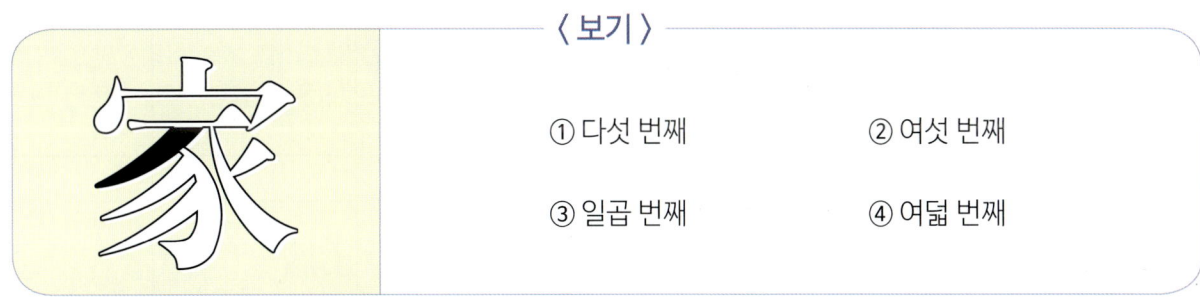

〈 보기 〉
① 다섯 번째    ② 여섯 번째
③ 일곱 번째    ④ 여덟 번째

**한자로 배우는 교과서 필수 어휘**

- 뜻: 한집안의 조상이나 어른이 자손들에게 일러 주는 가르침
- 예문: 우리 집의 가훈은 '정직'이다.

- 뜻: 집안 살림에 쓰는 옷장·책상·의자·침대같이 큰 도구
- 예문: 새집으로 이사하면서 헌 가구를 새 가구로 바꾸었다.

한자 공부 18일 차 • 81

## 한자 공부 18일 家 / 內

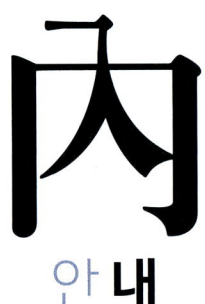

內
안 내

- 뜻 ⋯ 안, 속
- 소리 ⋯ 내
- 부수 ⋯ 入
- 쓰기 순서 ⋯ 丨 ▸ 冂 ▸ 內 ▸ 內

문을 본뜬 글자 冂(멀 경)에 入(들 입)이 합쳐져 안으로 들어가는 것을 나타냅니다. 그래서 '안', '속'을 뜻합니다.

한자를 따라 써 보고, 한자의 뜻에 해당하는 그림을 색칠해 보세요.

| 內 | 內 | 內 | 內 | 內 | 內 |
|---|---|---|---|---|---|
| 안 내 | 안 내 | 안 내 | 안 내 | 안 내 | 안 내 |
|   |   |   |   |   |   |
|   |   |   |   |   |   |
|   |   |   |   |   |   |

공부한 날 ○월 ○일　　　　　　　　　　　　　　　　　　　정답 116쪽

 급수 시험 예상 문제

**1** 다음 글의 ( ) 안에 있는 한자의 읽는 소리를 쓰세요.

(1) 이 건물은 외부에서 보는 것과 달리 (內)부가 아주 화려하였다.

(2) 표지보다는 (內)용에 더 신경을 써 보고서를 작성했다.

**2** 다음 밑줄 친 말에 해당하는 한자를 〈보기〉에서 찾아 그 번호를 쓰세요.

〈 보기 〉
① 家　　　② 工　　　③ 內　　　④ 空

(1) 어머니는 집 안 구석구석을 청소하셨다.

(2) 겨울에는 사람들이 바깥보다 실내에 머물기를 더 좋아한다.

**3** 다음 한자의 진하게 표시한 획은 몇 번째 쓰는지 〈보기〉에서 찾아 그 번호를 쓰세요.

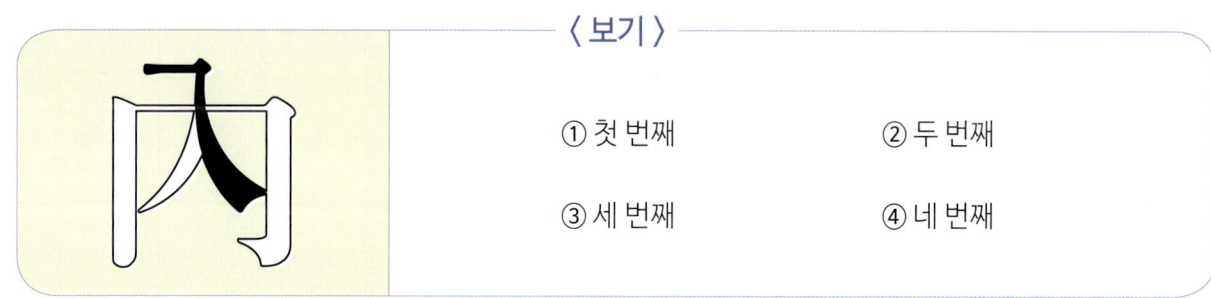

〈 보기 〉
① 첫 번째　　② 두 번째
③ 세 번째　　④ 네 번째

 한자로 배우는 교과서 필수 어휘

 추위를 막기 위해 겉옷 속에 입는 옷
 날씨가 추워지니 내복을 입기 시작했다.

 건물 안에서만 신는 신발
 중앙 현관에서 실내화로 갈아 신고 교실로 들어갔다.

한자 공부 18일 차 · 83

# 한자 공부 19일
## 工 / 空

## 工 장인 공

- 뜻 … 장인, 일
- 소리 … 공
- 부수 … 工
- 쓰기 순서 … 一 ▸ T ▸ 工

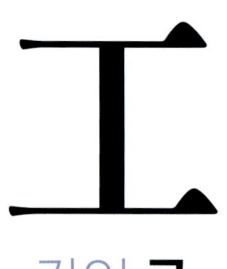

땅을 다질 때 사용하던 도구를 그린 것입니다. 그래서 工은 '장인'이나 '일', '솜씨'라는 뜻을 가진 글자가 되었습니다. '장인'은 손으로 물건을 만드는 일을 직업으로 하는 사람입니다.

한자를 따라 써 보고, 한자의 뜻에 해당하는 그림을 색칠해 보세요.

| 工 | 工 | 工 | 工 | 工 | 工 |
|---|---|---|---|---|---|
| 장인 공 | 장인 공 | 장인 공 | 장인 공 | 장인 공 | 장인 공 |
|  |  |  |  |  |  |
|  |  |  |  |  |  |
|  |  |  |  |  |  |

공부한 날 ○월 ○일　　정답 117쪽

## 급수 시험 예상 문제

**1** 다음 글의 (　) 안에 있는 한자의 읽는 소리를 쓰세요.

(1) 자동차를 만드는 (工)장에는 많은 사람들이 일한다.

(2) 건강을 위해서 가(工)식품보다는 자연식품을 먹는 것이 좋다.

**2** 다음 밑줄 친 말에 해당하는 한자를 〈보기〉에서 찾아 그 번호를 쓰세요.

〈 보기 〉

① 孝　　　② 空　　　③ 内　　　④ 工

(1) 바이올린 장인이 만든 바이올린은 음색이 아주 곱다.

(2) 독일은 세계에서 공업이 발달한 나라로 유명하다.

**3** 다음 한자의 진하게 표시한 획은 몇 번째 쓰는지 〈보기〉에서 찾아 그 번호를 쓰세요.

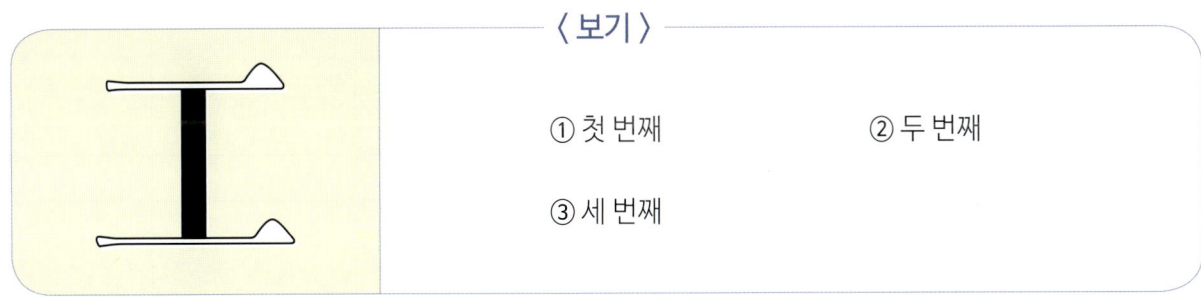

〈 보기 〉

① 첫 번째　　② 두 번째

③ 세 번째

## 한자로 배우는 교과서 필수 어휘

| 인 | 工 |

뜻　사람이 하는 일
예문　인공 지능이 자동차를 운전하는 시대가 온다고 한다.

| 工 | 사 |

뜻　땅을 파거나 집을 짓는 일
예문　공사가 있는 곳은 위험하기 때문에 가까이 가지 않아야 한다.

한자 공부 19일 차 • 85

## 한자 공부 19일
### 工 / 空

空
빌 공

- 뜻 … 빌
- 소리 … 공
- 부수 … 穴
- 쓰기 순서 … 空 空 空 空 空 空 空 空

뜻을 나타내는 穴(구멍 혈)과 소리를 나타내는 工(장인 공)이 합쳐져 **'비어 있다'** 라는 뜻을 나타냅니다. 구멍은 속이 텅 비어 있습니다.

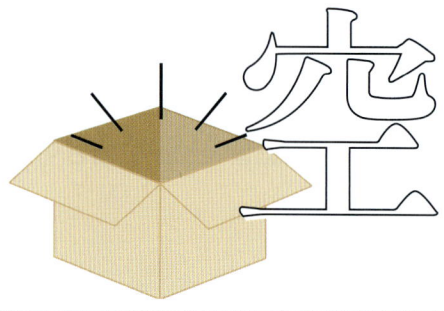

한자를 따라 써 보고, 한자의 뜻에 해당하는 그림을 색칠해 보세요.

| 空 | 空 | 空 | 空 | 空 | 空 |
|---|---|---|---|---|---|
| 빌 공 | 빌 공 | 빌 공 | 빌 공 | 빌 공 | 빌 공 |
|  |  |  |  |  |  |
|  |  |  |  |  |  |
|  |  |  |  |  |  |

공부한 날 ○월 ○일

정답 117쪽

### 급수 시험 예상 문제

**1** 다음 글의 (  ) 안에 있는 한자의 읽는 소리를 쓰세요.

(1) 인천 국제(空)항에는 해외로 나가는 수많은 사람들로 붐빈다.

(2) 미세 먼지로 (空)기가 탁하여 마스크를 착용하였다.

**2** 다음 밑줄 친 말에 해당하는 한자를 〈보기〉에서 찾아 그 번호를 쓰세요.

〈보기〉

① 空    ② 孝    ③ 平    ④ 工

(1) 친구는 빈 컵에 우유를 부어 나에게 주었다.

(2) 함박눈이 공중에서 휘날리고 있었다.

**3** 다음 한자의 진하게 표시한 획은 몇 번째 쓰는지 〈보기〉에서 찾아 그 번호를 쓰세요.

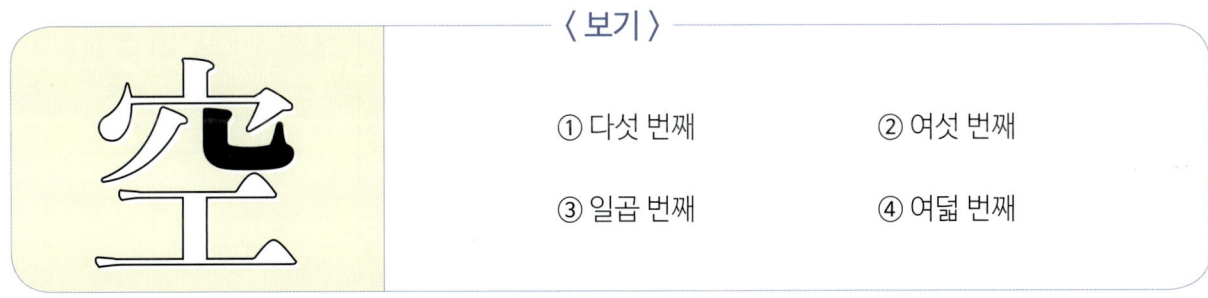

〈보기〉

① 다섯 번째    ② 여섯 번째
③ 일곱 번째    ④ 여덟 번째

 한자로 배우는 교과서 필수 어휘

- 뜻: 아무것도 없는 빈 곳
- 예문: 놀리는 땅을 주차 공간으로 활용하였다.

- 뜻: 텅 빈 공중
- 예문: 우리는 허공 속으로 사라지는 연기를 바라보았다.

한자 공부 19일 차 • 87

## 한자 공부 20일 — 孝 / 平

# 孝
**효도 효**

- 뜻 … 효도
- 소리 … 효
- 부수 … 子
- 쓰기 순서 … 一 → 十 → 土 → 耂 → 考 → 孝

耂(늙을 로)와 子(아들 자)가 합쳐져 자식이 어버이를 업은 모습을 나타냈습니다. 그래서 '효도'를 뜻합니다.

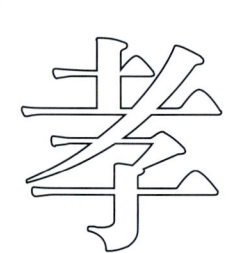

한자를 따라 써 보고, 한자의 뜻에 해당하는 그림을 색칠해 보세요.

| 孝 | 孝 | 孝 | 孝 | 孝 | 孝 |
|---|---|---|---|---|---|
| 효도 효 | 효도 효 | 효도 효 | 효도 효 | 효도 효 | 효도 효 |
|  |  |  |  |  |  |
|  |  |  |  |  |  |
|  |  |  |  |  |  |

공부한 날 ○월 ○일

정답 117쪽

## 급수 시험 예상 문제

**1** 다음 글의 ( ) 안에 있는 한자의 읽는 소리를 쓰세요.

(1) 친구는 (孝)심이 가득하기로 유명하다.

(2) 심청이 앞에는 '(孝)녀'라는 말이 항상 따라다닌다.

**2** 다음 밑줄 친 말에 해당하는 한자를 〈보기〉에서 찾아 그 번호를 쓰세요.

〈 보기 〉

① 平    ② 孝    ③ 每    ④ 空

(1) 조선 시대에는 나라에 충성하고 부모님께 <u>효도</u>하는 것을 중시했다.

(2) <u>효도</u>는 동물에게는 볼 수 없는 사람의 도리이다.

**3** 다음 한자의 진하게 표시한 획은 몇 번째 쓰는지 〈보기〉에서 찾아 그 번호를 쓰세요.

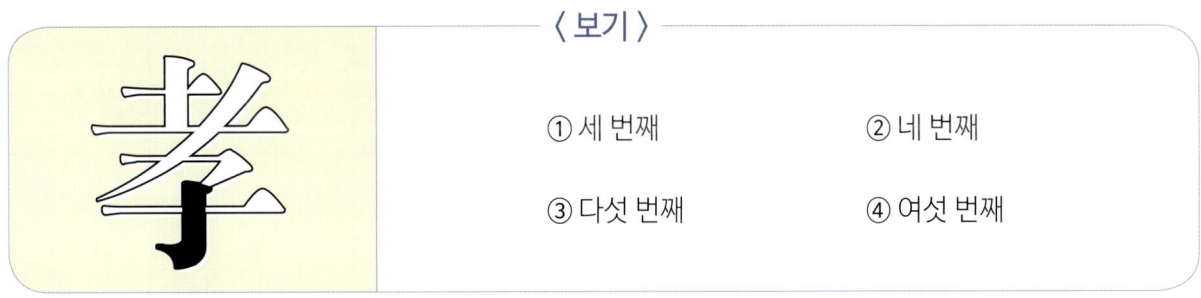

〈 보기 〉

① 세 번째    ② 네 번째
③ 다섯 번째   ④ 여섯 번째

 한자로 배우는 교과서 필수 어휘

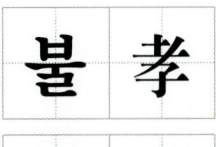

- 뜻: 자기 부모를 잘 받들지 않는 것
- 예문: <u>불효</u>자라는 소리를 듣지 않도록 부모님의 말씀을 잘 들어야 한다.

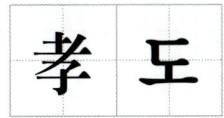

- 뜻: 부모를 정성스럽게 받드는 일
- 예문: <u>효도</u>를 많이 해서 부모님을 기쁘게 해 드리고 싶다.

# 한자 공부 20일
## 孝 / 平

**평평할 평**

| 뜻 | 평평할 |
|---|---|
| 소리 | 평 |
| 부수 | 干 |
| 쓰기 순서 | 一, 一, 六, 巫, 平 |

물 위에 뜬 물풀의 모양을 본뜬 글자로, '수면이 고르고 평평하다'라는 뜻입니다.

한자를 따라 써 보고, 한자의 뜻에 해당하는 그림을 색칠해 보세요.

| 平 | 平 | 平 | 平 | 平 | 平 |
|---|---|---|---|---|---|
| 평평할 평 | 평평할 평 | 평평할 평 | 평평할 평 | 평평할 평 | 평평할 평 |
|  |  |  |  |  |  |
|  |  |  |  |  |  |
|  |  |  |  |  |  |

공부한 날 ● 월 ● 일  ······  정답 117쪽

## 급수 시험 예상 문제

**1** 다음 글의 ( ) 안에 있는 한자의 읽는 소리를 쓰세요.

(1) 사람은 누구나 (平)등하게 태어난다.

(2) 동생과 과자를 공(平)하게 나누어 먹었다.

**2** 다음 밑줄 친 말에 해당하는 한자를 〈보기〉에서 찾아 그 번호를 쓰세요.

〈보기〉

① 每    ② 孝    ③ 平    ④ 答

(1) 비탈진 곳보다는 평평한 곳에서 놀아야 안전하다.

(2) 전쟁이 끝나고 평화가 찾아왔다.

**3** 다음 한자의 진하게 표시한 획은 몇 번째 쓰는지 〈보기〉에서 찾아 그 번호를 쓰세요.

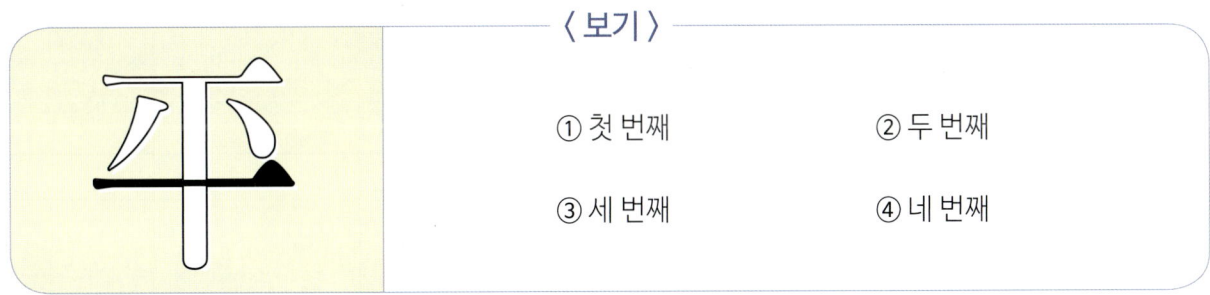

〈보기〉

① 첫 번째    ② 두 번째

③ 세 번째    ④ 네 번째

##  한자로 배우는 교과서 필수 어휘

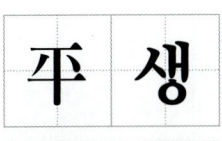
-  세상에 태어나서 죽을 때까지의 동안
-  선생님은 교육에 평생을 바치셨다.

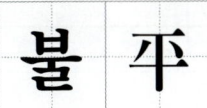
-  자기에게 손해가 있다고 느껴 못마땅하게 여기는 것
-  친구는 자신을 알아주지 않는다고 불평을 하였다.

# 한자 공부 21일

每 / 答

## 每 매양 매

- 뜻 … 매양, 늘
- 소리 … 매
- 부수 … 毋
- 쓰기 순서 … ノ 亠 仁 毎 毎 毎 每

어머니가 머리에 비녀를 꽂는 모양으로, 매일 한결같이 단정하게 계시는 어머니의 모습을 나타낸 한자입니다. 한결같은 어머니의 마음이라는 의미에서 '늘'이나 '항상'이라는 뜻을 갖게 되었습니다. '매양'은 '늘', '때마다'의 뜻입니다.

한자를 따라 써 보고, 한자의 뜻에 해당하는 그림을 색칠해 보세요.

| 每 매양 매 | 每 매양 매 | 每 매양 매 | 每 매양 매 | 每 매양 매 | 每 매양 매 |
|---|---|---|---|---|---|
|  |  |  |  |  |  |
|  |  |  |  |  |  |
|  |  |  |  |  |  |

92 · 참 쉬운 급수 한자 7급 II

## 급수 시험 예상 문제

**1** 다음 글의 ( ) 안에 있는 한자의 읽는 소리를 쓰세요.

(1) 나는 (每)일 걸어서 학교에 간다.

(2) 우리 가족은 (每)주 텃밭에 나가 채소를 가꾼다.

**2** 다음 밑줄 친 말에 해당하는 한자를 〈보기〉에서 찾아 그 번호를 쓰세요.

〈 보기 〉

① 平    ② 答    ③ 物    ④ 每

(1) 화분에 옮겨 심은 다육이는 나날이 잘 자란다.

(2) 도로를 건널 때는 항상 주위를 살펴야 한다.

**3** 다음 한자의 진하게 표시한 획은 몇 번째 쓰는지 〈보기〉에서 찾아 그 번호를 쓰세요.

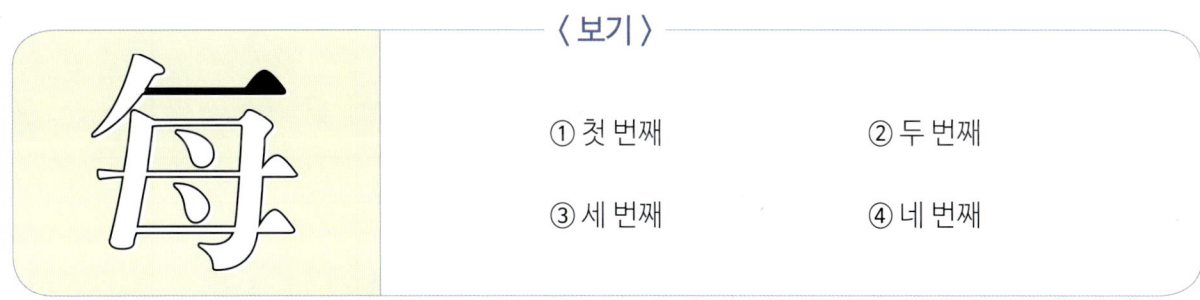

〈 보기 〉

① 첫 번째    ② 두 번째

③ 세 번째    ④ 네 번째

## 한자로 배우는 교과서 필수 어휘

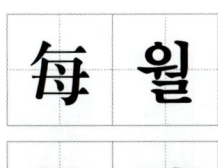

뜻 한 달 한 달
예문 우리 집은 매월 등산을 가기로 했다.

뜻 한 해 한 해
예문 우리 학교는 매년 가을에 운동회를 연다.

# 한자 공부 21일 每 / 答

**答** 대답 답

- 뜻 … 대답
- 소리 … 답
- 부수 … 竹
- 쓰기 순서 …  笒 笑 笒 答 答 答

뜻을 나타내는 竹(대나무 죽)과 소리를 나타내는 合(합할 합 → 답)이 결합한 글자로 '대답하다'를 뜻합니다. 종이가 없던 옛날에는 대나무로 편지를 주고받았습니다.

한자를 따라 써 보고, 한자의 뜻에 해당하는 그림을 색칠해 보세요.

| 答 | 答 | 答 | 答 | 答 | 答 |
|---|---|---|---|---|---|
| 대답 답 | 대답 답 | 대답 답 | 대답 답 | 대답 답 | 대답 답 |
|  |  |  |  |  |  |
|  |  |  |  |  |  |
|  |  |  |  |  |  |
|  |  |  |  |  |  |

공부한 날 월 일 | 정답 117쪽

## 급수 시험 예상 문제

**1** 다음 글의 ( ) 안에 있는 한자의 읽는 소리를 쓰세요.

(1) 골든벨 프로그램에서 연속으로 정(答)을 써 골든벨을 울렸다.

(2) 우리는 시험지의 (答)안지를 선생님께 제출했다.

**2** 다음 밑줄 친 말에 해당하는 한자를 〈보기〉에서 찾아 그 번호를 쓰세요.

〈 보기 〉

① 答    ② 漢    ③ 物    ④ 每

(1) 선생님의 질문에 아무도 대답하지 못했다.

(2) 친구는 내 물음에 답하지 않았다.

**3** 다음 한자의 진하게 표시한 획은 몇 번째 쓰는지 〈보기〉에서 찾아 그 번호를 쓰세요.

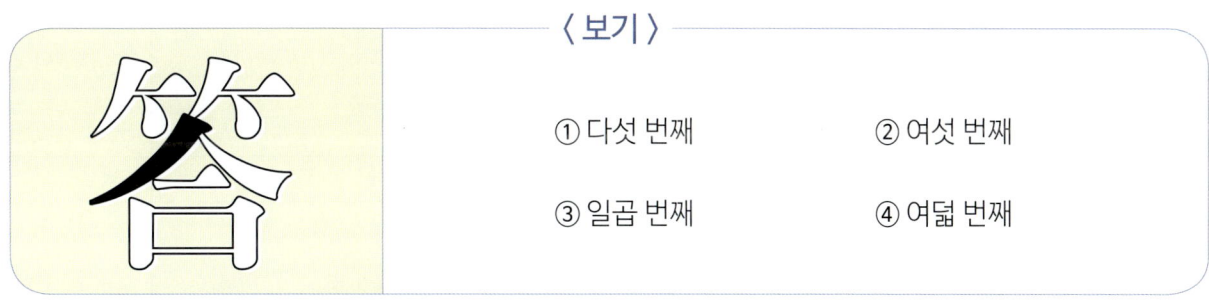

〈 보기 〉

① 다섯 번째    ② 여섯 번째
③ 일곱 번째    ④ 여덟 번째

 한자로 배우는 교과서 필수 어휘

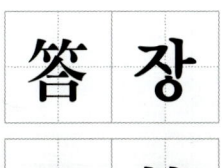

答 장
- 뜻: 받은 편지에 대하여 보내는 편지
- 예문: 친구의 편지를 받고 곧장 답장을 보냈다.

보 答
- 뜻: 남에게 입은 은혜나 고마움을 갚는 것
- 예문: 피아니스트는 관객의 환호에 대한 보답으로 앙코르 곡을 연주했다.

한자 공부 21일 차 • 95

# 한자 공부 22일

## 物 / 漢

### 物 물건 물

- 뜻 ··· 물건
- 소리 ··· 물
- 부수 ··· 牛
- 쓰기 순서 ··· 丿 ㇇ 㐅 牛 牜 牧 物 物

뜻을 나타내는 牛(소 우)와 소리를 나타내는 勿(말 물)이 결합한 모습으로, 옛날에 소는 가축 중에서 가장 중요한 물건이라는 데에서 '물건'이라는 뜻으로 쓰이고 있습니다.

한자를 따라 써 보고, 한자의 뜻에 해당하는 그림을 색칠해 보세요.

| 物 | 物 | 物 | 物 | 物 | 物 |
|---|---|---|---|---|---|
| 물건 물 | 물건 물 | 물건 물 | 물건 물 | 물건 물 | 물건 물 |
|  |  |  |  |  |  |
|  |  |  |  |  |  |
|  |  |  |  |  |  |
|  |  |  |  |  |  |

### 급수 시험 예상 문제

**1** 다음 글의 ( ) 안에 있는 한자의 읽는 소리를 쓰세요.

(1) 백화점에는 여러 가지 (物)건이 진열되어 있다.

(2) 내가 좋아하는 동(物)은 사막여우이다.

**2** 다음 밑줄 친 말에 해당하는 한자를 〈보기〉에서 찾아 그 번호를 쓰세요.

〈 보기 〉

①漢　　　②物　　　③記　　　④答

(1) 물건이 어지럽게 놓여 있는 방을 깨끗이 청소했다.

(2) 부모님께서는 입학 선물로 자전거를 사 주셨다.

**3** 다음 한자의 진하게 표시한 획은 몇 번째 쓰는지 〈보기〉에서 찾아 그 번호를 쓰세요.

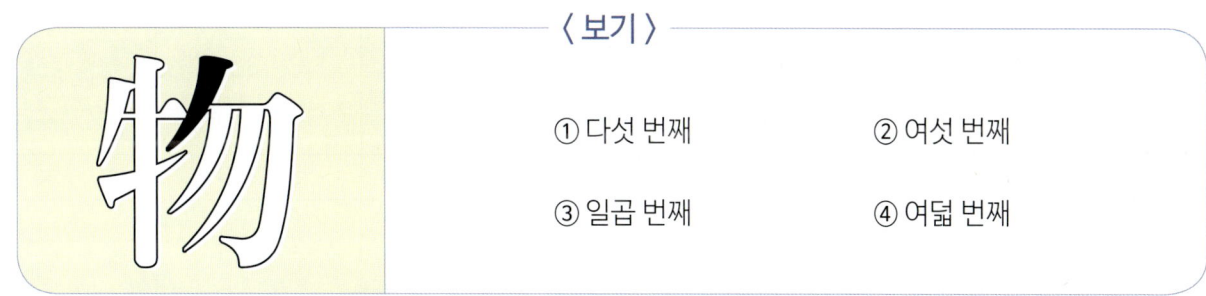

〈 보기 〉

① 다섯 번째　　② 여섯 번째

③ 일곱 번째　　④ 여덟 번째

### 한자로 배우는 교과서 필수 어휘

- 뜻: 보고 만질 수 있고 무게가 있는 물건
- 예문: 멀리 있는 물체는 작게 보인다.

- 뜻: 썩 드물고 귀한 가치가 있는 보배로운 물건
- 예문: 아버지는 어린 시절에 쓴 일기를 보물로 여기신다.

# 漢

**한수 / 한나라 한**

| 뜻 | 한수, 한나라 |
|---|---|
| 소리 | 한 |
| 부수 | 水 |
| 쓰기 순서 | 丶丶氵冫沪汁芦芦芦芦漢漢漢漢 |

진흙을 뜻하는 堇(진흙 근)이 변형된 글자에 氵(물 수(水))가 더해진 漢은 진흙이 섞여 평야를 이루던 지역의 강을 뜻했습니다.
'**한나라**'는 이 지역에 있었던 나라입니다.

한자를 따라 써 보고, 한자의 뜻에 해당하는 그림을 색칠해 보세요.

| 漢 | 漢 | 漢 | 漢 | 漢 | 漢 |
|---|---|---|---|---|---|
| 한수 / 한나라 한 | 한수 / 한나라 한 | 한수 / 한나라 한 | 한수 / 한나라 한 | 한수 / 한나라 한 | 한수 / 한나라 한 |
|  |  |  |  |  |  |
|  |  |  |  |  |  |
|  |  |  |  |  |  |
|  |  |  |  |  |  |

공부한 날 ○월 ○일                                                                                     정답 117쪽

### 급수 시험 예상 문제

**1** 다음 글의 (   ) 안에 있는 한자의 읽는 소리를 쓰세요.

(1) 우리는 이 책으로 (漢)자 공부를 하고 있다.

(2) (漢)양은 서울의 옛 이름이다.

**2** 다음 밑줄 친 말에 해당하는 한자를 〈보기〉에서 찾아 그 번호를 쓰세요.

〈 보기 〉

① 物         ② 記         ③ 漢         ④ 話

(1) 기원전 202년, 중국의 유방은 <u>한나라</u>를 세웠다.

(2) 중국 본토에서 예로부터 살아온 종족을 <u>한족</u>이라고 한다.

**3** 다음 한자의 진하게 표시한 획은 몇 번째 쓰는지 〈보기〉에서 찾아 그 번호를 쓰세요.

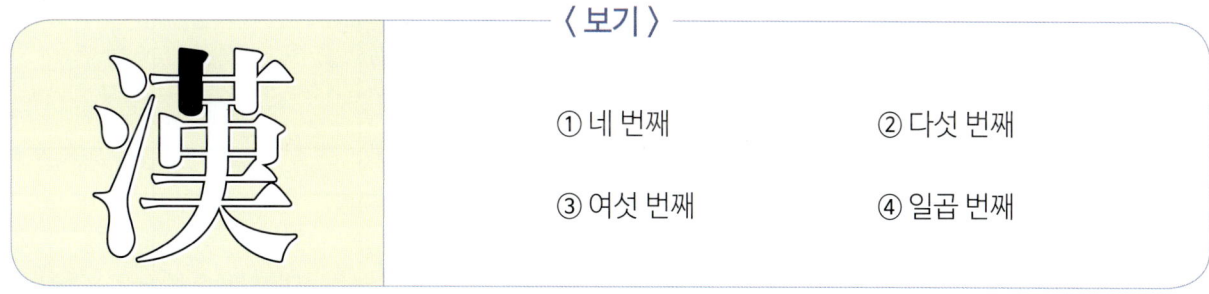

〈 보기 〉

① 네 번째         ② 다섯 번째

③ 여섯 번째       ④ 일곱 번째

### 한자로 배우는 교과서 필수 어휘

| 漢 | 강 |

뜻  우리나라 중부 지역을 흐르는 강. 태백산맥에서 시작하여 서울을 거쳐 서해로 들어감.
예문  우리 가족은 주말에 <u>한강</u> 시민 공원에서 자전거를 탄다.

| 괴 | 漢 |

뜻  거동이나 차림새가 수상한 사내
예문  <u>괴한</u>의 침입으로 경찰이 출동했다.

한자 공부 22일 차 · 99

# 한자 공부 23일
## 記 / 話

記
기록할 기

- 뜻 … 기록할
- 소리 … 기
- 부수 … 言
- 쓰기 순서 …

言(말씀 언)과 己(자기 기)가 결합한 모습으로 말을 머릿속에 기억한다는 뜻으로 쓰였지만, 후에 뜻이 확대되면서 '기록하다', '적다'라는 뜻을 갖게 되었습니다.

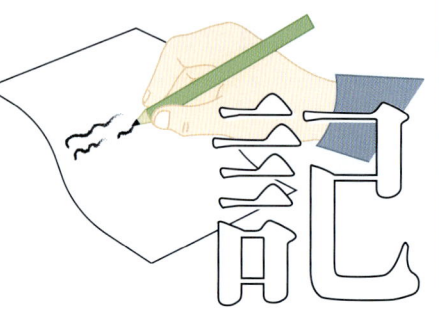

한자를 따라 써 보고, 한자의 뜻에 해당하는 그림을 색칠해 보세요.

| 記 | 記 | 記 | 記 | 記 | 記 |
|---|---|---|---|---|---|
| 기록할 기 | 기록할 기 | 기록할 기 | 기록할 기 | 기록할 기 | 기록할 기 |
|  |  |  |  |  |  |
|  |  |  |  |  |  |
|  |  |  |  |  |  |

공부한 날 ○월 ○일    정답 117쪽

## 급수 시험 예상 문제

**1** 다음 글의 ( ) 안에 있는 한자의 읽는 소리를 쓰세요.

(1) 이번 올림픽 대회에서 수영 세계 신(記)록이 쏟아져 나왔다.

(2) 매일 일(記)를 쓰면 글쓰기 능력을 키울 수 있다.

**2** 다음 밑줄 친 말에 해당하는 한자를 〈보기〉에서 찾아 그 번호를 쓰세요.

〈 보기 〉
① 話        ② 直        ③ 漢        ④ 記

(1) 기록하는 버릇은 좋은 습관이다.

(2) 수업 시간에 중요한 내용을 적으면서 선생님 말씀을 들었다.

**3** 다음 한자의 진하게 표시한 획은 몇 번째 쓰는지 〈보기〉에서 찾아 그 번호를 쓰세요.

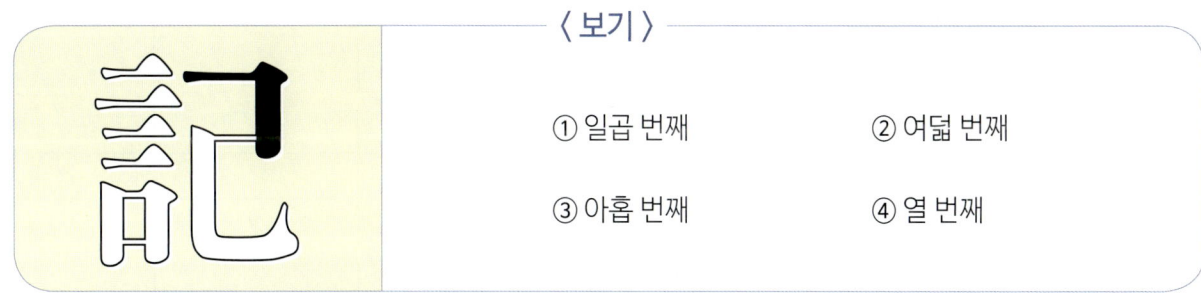

〈 보기 〉
① 일곱 번째        ② 여덟 번째
③ 아홉 번째        ④ 열 번째

## 한자로 배우는 교과서 필수 어휘

記 자
- 뜻: 신문사·잡지사·방송국에서 사람들에 널리 알릴 기사를 찾아서 쓰는 사람
- 예문: 나는 장차 기자가 되기 위해 열심히 공부하기로 했다.

記 억
- 뜻: 잊지 않고 마음속에 간직하거나 다시 생각해 냄.
- 예문: 친구들과 함께한 이번 여행은 오랫동안 기억에 남을 것이다.

한자 공부 23일 차 • 101

# 話 말씀 화

- 뜻 ⋯ 말씀, 이야기
- 소리 ⋯ 화
- 부수 ⋯ 言
- 쓰기 순서 ⋯ 一 亠 主 主 言 言 言 訐 訐 話 話

## 한자 공부 23일
### 記 / 話

言(말씀 언)과 舌(혀 설)이 합쳐져 '말씀', '이야기', '말하다', '이야기하다'를 뜻합니다.

한자를 따라 써 보고, 한자의 뜻에 해당하는 그림을 색칠해 보세요.

| 話 | 話 | 話 | 話 | 話 | 話 |
|---|---|---|---|---|---|
| 말씀 화 | 말씀 화 | 말씀 화 | 말씀 화 | 말씀 화 | 말씀 화 |

  공부한 날 ○월 ○일

정답 117쪽

## 급수 시험 예상 문제

**1** 다음 글의 ( ) 안에 있는 한자의 읽는 소리를 쓰세요.

(1) 친구에게 전(話)를 걸어 준비물을 물어보았다.

(2) 어른들의 대(話) 중에는 끼어들지 않아야 한다.

**2** 다음 밑줄 친 말에 해당하는 한자를 〈보기〉에서 찾아 그 번호를 쓰세요.

〈 보기 〉

① 話　　　② 直　　　③ 全　　　④ 記

(1) 식당에서 이야기할 때는 목소리를 낮춰야 한다.

(2) 할아버지의 당부 말씀을 듣고 길을 나섰다.

**3** 다음 한자의 진하게 표시한 획은 몇 번째 쓰는지 〈보기〉에서 찾아 그 번호를 쓰세요.

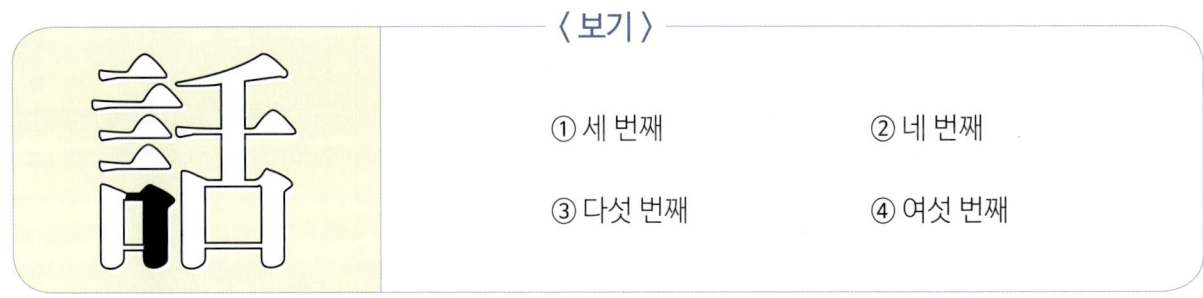

〈 보기 〉

① 세 번째　　　② 네 번째

③ 다섯 번째　　④ 여섯 번째

 한자로 배우는 교과서 필수 어휘

- 뜻: 여럿이 서로 말을 주고받을 때의 이야깃거리
- 예문: 우리 반에서는 미국에서 전학 온 친구가 단연 화제였다.

- 뜻: 1. 만나서 서로 이야기함 2. 외국어로 이야기를 주고받는 것
- 예문: 아버지는 중국으로 출장을 가기 위해 중국어 회화 공부에 열중하셨다.

# 한자 공부 24일

## 直 / 全

### 直 곧을 직

- 뜻 ⋯ 곧을
- 소리 ⋯ 직
- 부수 ⋯ 目
- 쓰기 순서 ⋯ 一 十 十 古 古 直 直 直

十(열 십), 目(눈 목), ㄴ(숨을 은)이 결합한 모습입니다. 열 개의 눈으로 숨어 있는 것을 바르게 볼 수 있다는 뜻으로, '곧다'를 뜻합니다.

한자를 따라 써 보고, 한자의 뜻에 해당하는 그림을 색칠해 보세요.

| 直 | 直 | 直 | 直 | 直 | 直 |
|---|---|---|---|---|---|
| 곧을 직 | 곧을 직 | 곧을 직 | 곧을 직 | 곧을 직 | 곧을 직 |
|  |  |  |  |  |  |
|  |  |  |  |  |  |
|  |  |  |  |  |  |
|  |  |  |  |  |  |

공부한 날 ○월 ○일

정답 117쪽

## 급수 시험 예상 문제

**1** 다음 글의 ( ) 안에 있는 한자의 읽는 소리를 쓰세요.

(1) (直)사각형은 네 각이 모두 직각인 사각형이다.

(2) 사고가 일어나기 (直)전에 현장을 빠져나왔다.

**2** 다음 밑줄 친 말에 해당하는 한자를 〈보기〉에서 찾아 그 번호를 쓰세요.

〈 보기 〉

① 全    ② 直    ③ 方    ④ 話

(1) 직선은 곡선과 달리 선이 곧다.

(2) 조회 시간에 줄을 똑바로 서서 교장 선생님 말씀을 들었다.

**3** 다음 한자의 진하게 표시한 획은 몇 번째 쓰는지 〈보기〉에서 찾아 그 번호를 쓰세요.

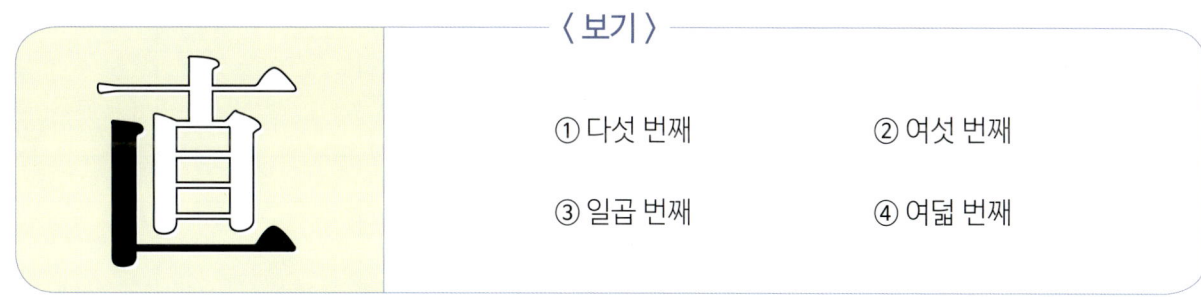

〈 보기 〉

① 다섯 번째    ② 여섯 번째
③ 일곱 번째    ④ 여덟 번째

##  한자로 배우는 교과서 필수 어휘

 直 후

- 뜻: 어떤 일이 있고 난 바로 다음
- 예문: 천둥소리가 난 직후에 번개가 내리쳤다.

 수 直

- 뜻: 직선과 직선 등이 만나 서로 직각을 이루는 상태
- 예문: 수력 발전소는 수직으로 떨어지는 물의 힘을 이용한다.

# 한자 공부 24일
## 直 / 全

**全** 온전 전

- 뜻 … 온전
- 소리 … 전
- 부수 … 入
- 쓰기 순서 … ノ 入 入 仝 full 全

入(들 입)과 玉(옥 옥)이 결합한 모습입니다. 값비싼 옥을 살 때 '흠이 없는' 상태를 확인한다는 뜻입니다. '온전하다' 외에 '모든'이라는 뜻도 있습니다.

한자를 따라 써 보고, 한자의 뜻에 해당하는 그림을 색칠해 보세요.

| 全 | 全 | 全 | 全 | 全 | 全 |
|---|---|---|---|---|---|
| 온전 전 | 온전 전 | 온전 전 | 온전 전 | 온전 전 | 온전 전 |
|  |  |  |  |  |  |
|  |  |  |  |  |  |
|  |  |  |  |  |  |
|  |  |  |  |  |  |

### 급수 시험 예상 문제

**1** 다음 글의 ( ) 안에 있는 한자의 읽는 소리를 쓰세요.

(1) 부분보다는 (全)체를 볼 줄 알아야 한다.

(2) 자연을 잘 보(全)하여 후손에게 물려주자.

**2** 다음 밑줄 친 말에 해당하는 한자를 〈보기〉에서 찾아 그 번호를 쓰세요.

〈 보기 〉

① 直   ② 方   ③ 全   ④ 世

(1) <u>모든</u> 국민은 우리나라 배구 팀을 응원했다.

(2) 우리가 잃어버린 물건은 그 장소에 <u>온전하게</u> 있었다.

**3** 다음 한자의 진하게 표시한 획은 몇 번째 쓰는지 〈보기〉에서 찾아 그 번호를 쓰세요.

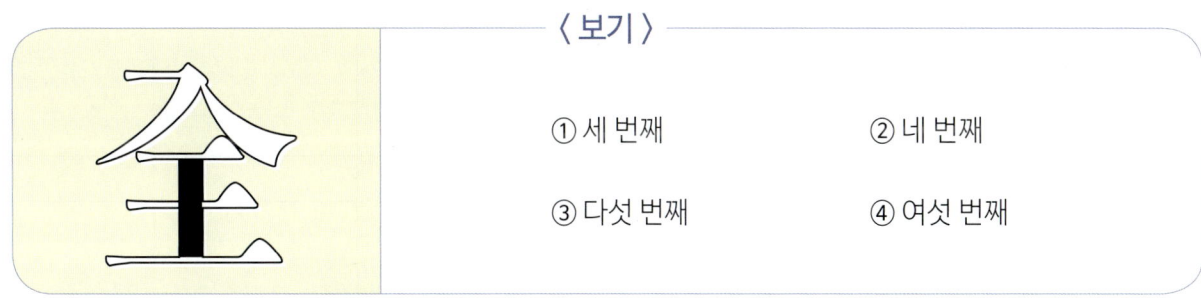

〈 보기 〉

① 세 번째   ② 네 번째

③ 다섯 번째   ④ 여섯 번째

### 한자로 배우는 교과서 필수 어휘

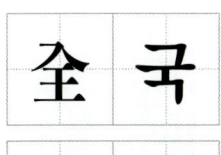
- 뜻: 온 나라
- 예문: 일기 예보에서 내일은 전국이 흐리고 눈이 내린다고 한다.

- 뜻: 한눈에 바라보이는 전체의 경치
- 예문: 산 정상에 오르니 그 도시의 전경이 한눈에 들어왔다.

# 한자 공부 25일
## 方 / 世

## 方
### 모 방

- 뜻 → 모, 네모, 방향
- 소리 → 방
- 부수 → 方
- 쓰기 순서 → 丶 亠 方 方

소가 끄는 쟁기를 그린 것입니다. 밭을 갈 때는 소가 일정한 방향으로 나아가기 때문에 '**방향**'을 뜻합니다. 밭이 사각형이었기 때문에 '**네모**'라는 뜻도 있습니다.

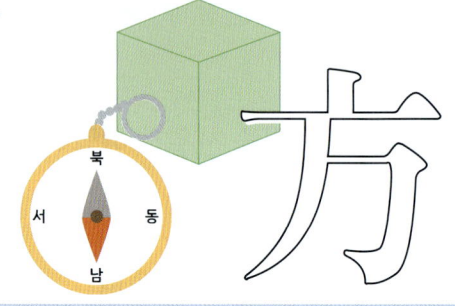

한자를 따라 써 보고, 한자의 뜻에 해당하는 그림을 색칠해 보세요.

| 方 | 方 | 方 | 方 | 方 | 方 |
|---|---|---|---|---|---|
| 모 방 | 모 방 | 모 방 | 모 방 | 모 방 | 모 방 |
|   |   |   |   |   |   |
|   |   |   |   |   |   |
|   |   |   |   |   |   |

공부한날 월 일

정답 117쪽

### 급수 시험 예상 문제

**1** 다음 글의 ( ) 안에 있는 한자의 읽는 소리를 쓰세요.

(1) 낯선 곳에서는 나침반으로 (方)향을 알 수 있다.

(2) 미국에서 전학 온 친구는 글을 쓰는 (方)식이 우리와 달랐다.

**2** 다음 밑줄 친 말에 해당하는 한자를 〈보기〉에서 찾아 그 번호를 쓰세요.

〈 보기 〉

① 世　　　② 全　　　③ 直　　　④ 方

(1) 사방이 산으로 둘러싸인 시골로 여행을 갔다.

(2) 내가 좋아하는 노래는 '네모의 꿈'이다.

**3** 다음 한자의 진하게 표시한 획은 몇 번째 쓰는지 〈보기〉에서 찾아 그 번호를 쓰세요.

〈 보기 〉

① 첫 번째　　　② 두 번째
③ 세 번째　　　④ 네 번째

### 한자로 배우는 교과서 필수 어휘

| 方 | 법 |

뜻: 무엇을 하기 위한 방식이나 수단
예문: 여러 가지 방법으로 덧셈을 해 보자.

| 행 | 方 |

뜻: 간 곳이나 방향
예문: 잃어버린 강아지의 행방을 알 수 없었다.

한자 공부 25일 차 • 109

# 한자 공부 25일
## 方 / 世

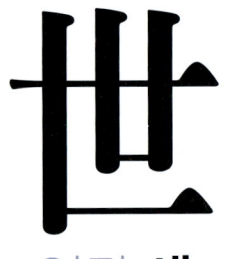

**世**
인간 세

- 뜻 … 인간
- 소리 … 세
- 부수 … 一
- 쓰기 순서 … 一 ▸ 十 ▸ 卋 ▸ 卋 ▸ 世

나뭇가지와 이파리를 함께 그린 것으로, 나뭇잎이 새로 돋고 지는 것이 인간의 세계와 똑같아 '인간'을 뜻합니다. 또, '일생'이나 '생애', '세대'라는 뜻도 있습니다.

한자를 따라 써 보고, 한자의 뜻에 해당하는 그림을 색칠해 보세요.

| 世 | 世 | 世 | 世 | 世 | 世 |
|---|---|---|---|---|---|
| 인간 세 | 인간 세 | 인간 세 | 인간 세 | 인간 세 | 인간 세 |
|  |  |  |  |  |  |
|  |  |  |  |  |  |
|  |  |  |  |  |  |
|  |  |  |  |  |  |

### 급수 시험 예상 문제

**1** 다음 글의 ( ) 안에 있는 한자의 읽는 소리를 쓰세요.

(1) 간밤에 내린 눈이 온 (世)상을 덮었다.

(2) 그는 (世)계적으로 유명한 대한민국 가수이다.

**2** 다음 밑줄 친 말에 해당하는 한자를 〈보기〉에서 찾아 그 번호를 쓰세요.

〈 보기 〉

① 世        ② 方        ③ 全        ④ 直

(1) 아름다운 세상을 만들기 위해 다 같이 노력하자.

(2) 우리는 어려서 세상을 잘 모른다.

**3** 다음 한자의 진하게 표시한 획은 몇 번째 쓰는지 〈보기〉에서 찾아 그 번호를 쓰세요.

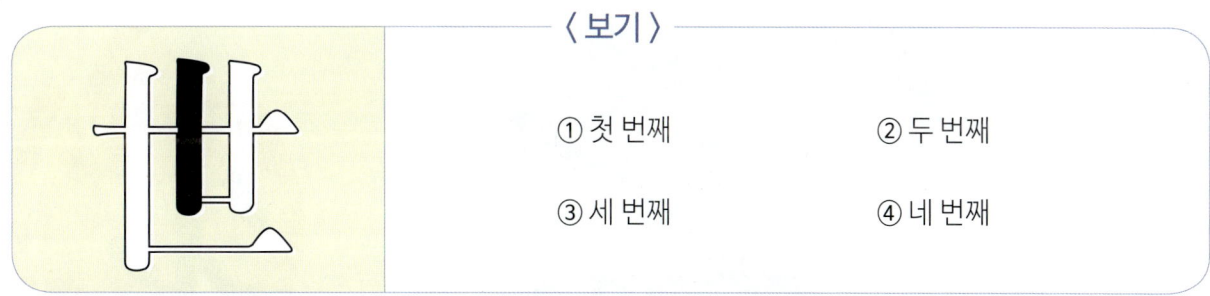

〈 보기 〉

① 첫 번째        ② 두 번째

③ 세 번째        ④ 네 번째

### 한자로 배우는 교과서 필수 어휘

- 뜻: 같은 시대에 살아서 나이도 서로 비슷하고 생각도 서로 비슷한 그 사람들
- 예문: 통일은 우리 세대가 이루어야 할 과제이다.

- 뜻: 다음에 오는 세상. 또는 다음 세대의 사람들
- 예문: 백범 김구 선생님은 후세에 이름을 남기셨다.

# 참 쉬운 급수 한자

정답

## • 1일 •

### 手
1. (1) 수 (2) 수
2. (1) ① (2) ①
3. ③

### 足
1. (1) 족 (2) 족
2. (1) ② (2) ②
3. ②

## • 2일 •

### 上
1. (1) 상 (2) 상
2. (1) ③ (2) ③
3. ①

### 下
1. (1) 하 (2) 하
2. (1) ④ (2) ④
3. ③

## • 3일 •

### 男
1. (1) 남 (2) 남
2. (1) ① (2) ①
3. ③

### 子
1. (1) 자 (2) 자
2. (1) ② (2) ②
3. ②

## • 4일 •

### 左
1. (1) 좌 (2) 좌
2. (1) ③ (2) ③
3. ②

### 右
1. (1) 우 (2) 우
2. (1) ③ (2) ③
3. ③

## • 5일 •

### 前
1. (1) 전 (2) 전
2. (1) ③ (2) ③
3. ②

### 後
1. (1) 후 (2) 후
2. (1) ① (2) ①
3. ②

## • 6일 •

### 時
1. (1) 시 (2) 시
2. (1) ③ (2) ③
3. ④

### 間
1. (1) 간 (2) 간
2. (1) ④ (2) ④
3. ④

## • 7일 •

### 不
1. (1) 불 (2) 불
2. (1) ④ (2) ④
3. ③

### 安
1. (1) 안 (2) 안
2. (1) ① (2) ①
3. ②

## • 8일 •

### 江
1. (1) 강 (2) 강
2. (1) ② (2) ②
3. ③

### 海
1. (1) 해 (2) 해
2. (1) ③ (2) ③
3. ①

## • 9일 •

### 食
1. (1) 식 (2) 식
2. (1) ④ (2) ④
3. ③

### 事
1. (1) 사 (2) 사
2. (1) ① (2) ①
3. ③

## • 10일 •

### 活
1. (1) 활 (2) 활
2. (1) ② (2) ②
3. ④

### 動
1. (1) 동 (2) 동
2. (1) ③ (2) ③
3. ④

## • 11일 •

### 姓
1. (1) 성 (2) 성
2. (1) ④ (2) ④
3. ①

### 名
1. (1) 명 (2) 명
2. (1) ① (2) ①
3. ①

## • 12일 •

### 自
1. (1) 자 (2) 자
2. (1) ② (2) ②
3. ②

### 力
1. (1) 력 (2) 력
2. (1) ③ (2) ③
3. ②

## • 13일 •

### 電　　氣

1. (1) 전 (2) 전
2. (1) ④ (2) ④
3. ③

1. (1) 기 (2) 기
2. (1) ① (2) ①
3. ②

## • 14일 •

### 車　　農

1. (1) 차 (2) 차
2. (1) ② (2) ②
3. ④

1. (1) 농 (2) 농
2. (1) ③ (2) ③
3. ③

## • 15일 •

### 場　　正

1. (1) 장 (2) 장
2. (1) ④ (2) ④
3. ③

1. (1) 정 (2) 정
2. (1) ① (2) ①
3. ②

## • 16일 •

### 午　　道

1. (1) 오 (2) 오
2. (1) ② (2) ②
3. ②

1. (1) 도 (2) 도
2. (1) ③ (2) ③
3. ③

## • 17일 •

### 市　　立

1. (1) 시 (2) 시
2. (1) ④ (2) ④
3. ②

1. (1) 립 (2) 립
2. (1) ① (2) ①
3. ②

## • 18일 •

### 家　　內

1. (1) 가 (2) 가
2. (1) ② (2) ②
3. ①

1. (1) 내 (2) 내
2. (1) ③ (2) ③
3. ④

## · 19일 ·

**工**
1. (1) 공 (2) 공
2. (1) ④ (2) ④
3. ②

**空**
1. (1) 공 (2) 공
2. (1) ① (2) ①
3. ①

## · 20일 ·

**孝**
1. (1) 효 (2) 효
2. (1) ② (2) ②
3. ④

**平**
1. (1) 평 (2) 평
2. (1) ③ (2) ③
3. ④

## · 21일 ·

**每**
1. (1) 매 (2) 매
2. (1) ④ (2) ④
3. ②

**答**
1. (1) 답 (2) 답
2. (1) ① (2) ①
3. ③

## · 22일 ·

**物**
1. (1) 물 (2) 물
2. (1) ② (2) ②
3. ①

**漢**
1. (1) 한 (2) 한
2. (1) ③ (2) ③
3. ②

## · 23일 ·

**記**
1. (1) 기 (2) 기
2. (1) ④ (2) ④
3. ②

**話**
1. (1) 화 (2) 화
2. (1) ① (2) ①
3. ④

## · 24일 ·

**直**
1. (1) 직 (2) 직
2. (1) ② (2) ②
3. ④

**全**
1. (1) 전 (2) 전
2. (1) ③ (2) ③
3. ③

## · 25일 ·

**方**
1. (1) 방 (2) 방
2. (1) ④ (2) ④
3. ④

**世**
1. (1) 세 (2) 세
2. (1) ① (2) ①
3. ②

# 예상 문제 1회 답안

## 전국한자능력검정시험 7급 II 답안지(1) (시험시간:50분)

| 번호 | 답안란 정답 | 번호 | 답안란 정답 |
|---|---|---|---|
| 1 | 시사 | 16 | 성명 |
| 2 | 시간 | 17 | 매년 |
| 3 | 물안 | 18 | 한강 |
| 4 | 전기차 | 19 | 평생 |
| 5 | 농장 | 20 | 중학교 |
| 6 | 정오 | 21 | 자백 |
| 7 | 산촌 | 22 | 인공 |
| 8 | 시립 | 23 | 대답 |
| 9 | 좌우 | 24 | 아래 하 |
| 10 | 동해 | 25 | 정인 유 |
| 11 | 활동 | 26 | 앞 전 |
| 12 | 부모 | 27 | 아들 자 |
| 13 | 수족 | 28 | 할 력(역) |
| 14 | 외국 | 29 | 인간 세 |
| 15 | 사방 | 30 | 뒤 후 |

(서명) 검독위원 (독감) 채점위원(1) (서명) (독감) 채점위원(2) (서명) (독감) 채점위원(3)

## 전국한자능력검정시험 7급 II 답안지(2)

| 번호 | 답안란 정답 | 번호 | 답안란 정답 |
|---|---|---|---|
| 31 | 물건 물 | 46 | ① |
| 32 | 기록할 기 | 47 | ⑤ |
| 33 | 모 방 | 48 | ⑩ |
| 34 | 말씀 화 | 49 | ③ |
| 35 | 길 도 | 50 | ⑦ |
| 36 | 저자 시 | 51 | ⑧ |
| 37 | 급할 급 | 52 | ④ |
| 38 | 윗 상 | 53 | ② |
| 39 | 손 수 | 54 | ⑨ |
| 40 | 집 가 | 55 | ② |
| 41 | 설 립(입) | 56 | ③ |
| 42 | 농사 농 | 57 | ③ |
| 43 | ④ | 58 | ① |
| 44 | ① | 59 | ③ |
| 45 | ⑥ | 60 | ④ |

# 예상 문제 2회 답안

## 전국한자능력검정시험 7급II 답안지(1) (시험시간: 50분)

| 번호 | 답안란 (정답) | 번호 | 답안란 (정답) | 번호 | 답안란 (정답) |
|---|---|---|---|---|---|
| 1 | 자연 | 16 | 영장 | | |
| 2 | 대한민국 | 17 | 오후 | | |
| 3 | 남녀 | 18 | 정답 | | |
| 4 | 형제 | 19 | 활동 | | |
| 5 | 만물 | 20 | 평안 | | |
| 6 | 매일 | 21 | 좌우 | | |
| 7 | 해군 | 22 | 매시 | | |
| 8 | 자시 | 23 | 요전 | | |
| 9 | 농사 | 24 | 발족 | | |
| 10 | 건사 | 25 | 모방 | | |
| 11 | 수확 | 26 | 세상 | | |
| 12 | 교내 | 27 | 굴절 | | |
| 13 | 남서 | 28 | 순수 | | |
| 14 | 전기 | 29 | 길도 | | |
| 15 | 효도 | 30 | | | |

## 전국한자능력검정시험 7급II 답안지(2)

| 번호 | 답안란 (정답) | 번호 | 답안란 (정답) |
|---|---|---|---|
| 31 | 설 립(입) | 46 | ⑩ |
| 32 | 한수/한나라 한 | 47 | ③ |
| 33 | 온전 전 | 48 | ⑧ |
| 34 | 물건 물 | 49 | ⑦ |
| 35 | 아래 하 | 50 | ⑤ |
| 36 | 바다 해 | 51 | ⑥ |
| 37 | 기록할 기 | 52 | ④ |
| 38 | 밥/먹을 식 | 53 | ② |
| 39 | 집 가 | 54 | ① |
| 40 | 이름 명 | 55 | ③ |
| 41 | 움직일 동 | 56 | ③ |
| 42 | 힘 력(역) | 57 | ③ |
| 43 | ② | 58 | ② |
| 44 | ① | 59 | ⑤ |
| 45 | ⑨ | 60 | ③ |

## 예상 문제 3회 답안

전국한자능력검정시험 7급II 답안지(1) (시험시간:50분)

| 번호 | 답안란 정답 | 채점란 1검 | 채점란 2검 | 번호 | 답안란 정답 | 채점란 1검 | 채점란 2검 |
|---|---|---|---|---|---|---|---|
| 1 | 공사 | | | 16 | 인적 | | |
| 2 | 정답 | | | 17 | 식생활 | | |
| 3 | 산양 | | | 18 | 전력 | | |
| 4 | 해외 | | | 19 | 명문 학교 | | |
| 5 | 오전 | | | 20 | 자동 | | |
| 6 | 전차 | | | 21 | 농가 | | |
| 7 | 한강 | | | 22 | 국립 | | |
| 8 | 목수 | | | 23 | 시내 남 | | |
| 9 | 전국 | | | 24 | 윗 상 | | |
| 10 | 효녀 | | | 25 | 인간 세 | | |
| 11 | 시간 | | | 26 | 모 방 | | |
| 12 | 시내 | | | 27 | 대답 답 | | |
| 13 | 매년 | | | 28 | 오른 우 | | |
| 14 | 부족 | | | 29 | 뒤 후 | | |
| 15 | 감독위원 | | | 30 | | | |

전국한자능력검정시험 7급II 답안지(2)

| 번호 | 답안란 정답 | 채점란 1검 | 채점란 2검 | 번호 | 답안란 정답 | 채점란 1검 | 채점란 2검 |
|---|---|---|---|---|---|---|---|
| 31 | 강 강 | | | 46 | ③ | | |
| 32 | 성 성 | | | 47 | ① | | |
| 33 | 마음 장 | | | 48 | ⑥ | | |
| 34 | 기운 기 | | | 49 | ② | | |
| 35 | 한수/한나라 한 | | | 50 | ⑧ | | |
| 36 | 움직일 동 | | | 51 | ⑨ | | |
| 37 | 순 순 | | | 52 | ④ | | |
| 38 | 땅/마을 시 | | | 53 | ⑩ | | |
| 39 | 낮 오 | | | 54 | ⑤ | | |
| 40 | 말씀 화 | | | 55 | ② | | |
| 41 | 때 시 | | | 56 | ③ | | |
| 42 | 바를 정 | | | 57 | ② | | |
| 43 | ② | | | 58 | ① | | |
| 44 | ④ | | | 59 | ⑧ | | |
| 45 | ⑦ | | | 60 | ⑧ | | |